JN039775

僕以外、知的障害の家族がようやくたどり着いた「幸せ」の形

限界ギリギリ家族

佐藤靖高
（やすパパ）

むしろ限界突破中です

KADOKAWA

はじめに

限界ギリギリの家族「Yasu family」のリアル

この本を手にとってくださり、ありがとうございます！　YouTube「Yasu familyチャンネル」で動画をお届けしている父の「やすパパ」です。

我が家は、妻が中度知的障害、長男の翔輝は重度知的障害を伴う自閉スペクトラム症、長女の姫歌は中度知的障害を伴う自閉スペクトラム症と場面緘黙という、**僕以外は全員、知的障害のある家族**です。

「Yasu familyチャンネル」では、そんな僕たちの普段の暮らしぶりや、知的障害や自閉症の特徴や困ったこと、僕が子どもたちから教わったことなどを、福島県から発信しています。

長男・翔輝（翔君）は、２００１年生まれの22歳です。

自閉スペクトラム症は、人とのコミュニケーションが苦手とか、特定の物事にこだわりを持つという特徴がありますが、**個人差があって症状は十人十色**です。

翔君のこだわりは、いつも一緒にいる猫のぬいぐるみ（ユキちゃん）を通してのコミュニケーションや、自動ドアではない引き戸を開け閉めして自ら自動ドアになりきること、画面がちょっとでも傷付くと交換したくなってしまうスマートフォン（iPhone）など。

それに対して自分の思うようにいかないと強いストレスを感じて、周りが予期していなかった行動に出ることもあります。

翔君の場合は、そのこだわりが原因で小さな頃から脱走（一時失踪）を繰り返していました。

そのたびに僕は必死になって捜し回り、警察や自治体のお世話になることもしばしば。いつも心配で心配で、本当に大変でした……。

そんな翔君ですが、高校までは特別支援学校に通いました。今は毎日、作業所（就労継続支援事業所）に行って得意のガラス拭きをして帰ってきます。

長女の姫歌（姫ちゃん）は、２００６年生まれの17歳。

小学5年までは普通学級、小学6年から特別支援学級へ通い、中学2年から特別支援学校に転校しました。いじめや無視をされて学校へ行けなくなり、不登校だった時期もあります。

場面緘黙は、家では話せても学校などの特定の場所や状況では話せなくなってしまう精神疾患で、姫ちゃんは13歳の時に発症しました。

これは今でも続いていて、いつまで続くかもわかりません。

でも、姫ちゃんには得意なものがあります。イラストです。

自閉症特有のずば抜けた集中力で描き続けた結果、イラストやグッズを販売するほどの実力になりました。

そして、妻。結婚前は僕も妻自身もわかっていませんでしたが、長女出産後に受けた知能検査で、妻にも知的障害があることがわかりました。

妻はその他にも、てんかんと解離性障害も発症しています。

この家族を守るために僕は父親として頑張ってきましたが、**実は僕自身もストレスから「混合性不安抑うつ障害」という精神疾患になってしまいました。**

そのため、いろいろと大変な時期もありましたが、家族の障害と自分の精神疾患とつき合いながら、「障害者への理解と知識を広めたい」という思いで、福島から発信しています。

SNSや動画では、子どもたちが頑張っている様子や、笑顔で過ごしている姿を中心にお届けしています。

なぜかというと、**障害を持つ子もできなかったことができるようになることがあるし、兄妹が穏やかに過ごしている時間もたくさんある**からです。

動画を見てくださる方たちにも、子どもたちの前向きな姿を通して勇気や元気、ときには笑いや癒しを少しでも届けることができたらと考えています。

ただし、YouTubeでは子どもたちの姿を中心にお届けしているので、この本では動画ではあまり触れてこなかった妻や僕のことも紹介したいと思います。

限界ギリギリの家族が崩壊しないために

序章では、それぞれ特殊な状況で育った**僕と妻の生い立ちと出会い**についてまとめました。

僕や妻がどう育ってきたかは今の家族のあり方にも大きく関係しているので、少し衝撃的な内容もありますが、妻からも話したいと承諾を得ていますので勇気を出してお話しします。

第1章では、**我が家が家庭崩壊したときの顛末**をお伝えします。この時期の僕は精神疾患になって地獄のような日々を送っていました。でも、家族のことを諦めることはありませんでした。

なぜ諦めないでいられたのかについても触れています。

第2章は、**翔君のこだわりと脱走**です。幼い頃から特定の物事にこだわりを持ち、そのためならどこへでも突っ走る翔君。その対策についてもお話しします。

第3章は、**姫ちゃんが受けたいじめと場面緘黙**について。障害を持つ子にとって、いじめは切実な問題になることがあります。それに対して、姫ちゃんはどう行動したのか、親として僕がどう考えたのかをお伝えします。

第4章は、**子どもたちの成長**についてです。知的障害があっても成長するということを多くの人にお伝えしたいと思っています。

第5章は、**僕が将来のためにやっていること**をまとめました。障害を持つ子の将来を考えたら、不安もたくさんありますが、今のうちからできることを考えています。

終章は、**今の僕が家族とどう接しているか**です。障害者を支える家族は心労が多く、病気がちになることも多いです。

でも、僕が倒れたら家族はやっていけません。限界になる前にできることもあるので、参考にしていただけたらと思います。

僕たち家族には、まだまだ不安なことや課題もたくさんあります。

でも、僕にはこの家族が笑って過ごせることが何よりも大切なんです。

そのためにはいろんな挑戦をして、一つひとつ問題を乗り越えていくしかないといつも考えています。

こんな我が家の姿を見て、「こんな家族もいるんだ」「そんな考え方もあるんだな」と少しでも参考にしていただけたら嬉しいです。

福島に来て雪を楽しむ、限界ギリギリ家族。

Yasu family プロフィール

やすパパ

1969年生まれ。育児放棄気味の家庭で育ち、中学卒業とともに寮付きの工場に就職。その後は様々な仕事にチャレンジし、中卒で派遣社員でありながら物流のロジスティクス倉庫でリーダーを任されるなど、精力的に仕事をする日々を送る。2000年、31歳の時に結婚し、2001年に長男誕生。2006年に長女が誕生し、長男と妻が知的障害の診断を受ける。神奈川県川崎市に居を構え、2008年に川崎市内にマンションを購入。

2010年頃から自身にも精神疾患の症状が出始め、その後「混合性不安抑うつ障害」と診断される（2012年に障害者手帳３級取得）。家庭が崩壊、家族４人がバラバラの生活になる。

2013年に介護職員初任者研修（旧ホームヘルパー２級）取得、2014年に普通自動車第二種運転免許を取得。

2016年、父の実家の福島県平田村に移住。

2018年からTikTok、2020年にYouTube「Yasu familyチャンネル」を始動。

2023年、重症筋無力症と診断される（眼瞼下垂型（がんけんかすいがた））。

ママ

1979年生まれ。しつけの厳しい家庭に育ち、ピアノや塾、公文式など多数の習いごとに通うものの、うまくできずに叱られる日々を送る。高校卒業後に家出し、恋人の家などに住む。

1999年にやすパパと知り合い、翌年に結婚。21歳で長男を、26歳で長女を出産。長男出産時にてんかんの発作が出る。

2007年の知能検査で中度知的障害（※過去に長男と同じ中度を嫌がり、妻の意向で軽度としていた）と診断される。

2021年に解離性障害を発症。オーバードーズ（OD：薬の過剰摂取）もたびたび起こす。

長男・翔輝（翔君）

2001年生まれ。重度知的障害を伴う自閉スペクトラム症。5歳の時に中度知的障害として療育手帳を取得（知能検査ではIQ40）。15歳時の知能検査ではIQ34、19歳時ではIQ30で重度知的障害と診断される。高校までは特別支援学校に通い、今は毎日、作業所（就労継続支援事業所）に行って、大好きな自動ドアのガラスをピカピカに磨く仕事をしている。

長女・姫歌（姫ちゃん）

2006年生まれ。中度知的障害を伴う自閉スペクトラム症、場面緘黙。10歳の時に知能検査を受け、軽度知的障害（IQ69）と診断される。13歳と17歳時には中度知的障害（IQ43）の診断。小5までは普通学校の普通学級、小6からは支援学級に通うものの、学校でいじめにあい、中学1年の2学期から不登校に。中2で特別支援学校に転校し、高等部1年修了時に退学。以降はイラスト制作に励む。下のイラストは本書の制作に合わせて姫ちゃんが描いた力作。

やすパパによる用語説明

● **知的能力障害（知的発達症）**

18歳頃までに生じた知的機能の障害で、知的能力と社会生活に適応する機能が遅れた水準にとどまっていて、日常生活に支障が生じている状態を指します。

知的障害のレベルは「軽度」「中度」「重度」「最重度」がありますが、その症状には個人差があります。

また、知的障害には自閉スペクトラム症などの神経発達症を伴うことも。

たまに「親の育て方が悪いせい」などと言う方もいますが、育て方で知的機能の障害が出るわけではありません。

● **自閉スペクトラム症**

対人関係が苦手、強いこだわりを持つといった特徴のある、神経発達症の一つです。強いこだわりには、特定の物事に強い興味を示す場合や、自分のやり方など特定のことにこだわりが強い場合があります。

● **場面緘黙**

家庭などでは普通に話すことができるのに、学校など特定の場面や人に対しては話せなくなる精神疾患の一つ。

強い不安やトラウマ（心的外傷）によって引き起こされることがあります。

●解離性障害

自分の体や感情、記憶、意識などの感覚を正常に調整できなくなり、解離してしまう状態です。

ストレスやトラウマ（心的外傷）が関係していると考えられています。

解離性障害の症状には、主に複数の人格が入れ替わる「解離性同一障害」、記憶の一部分が飛んで思い出せなくなる「解離性健忘」、記憶がなくなって、いつの間にか知らない場所に行ってしまう「解離性遁走」、自分や周りの世界についての現実感がなくなる「離人症」の4つがあります。

妻の場合は「解離性健忘」が出ているようです。

●重症筋無力症

指定難病。手足や瞼などを動かしていると筋肉が疲れてしまい、動かしにくくなる病です。

僕は、眼瞼下垂といってまぶたがずしんと下がってくる症状に長年悩まされ、特に夕方になると目を開けていられなくなるほど症状が重かったです。

※それぞれの障害や症状には個人差があります。

CONTENTS

第2章 翔君のこだわりと脱走癖で疲労困憊の日々

第3章 姫ちゃんが受けた「いじめ」と「進学問題」

第4章 人と関わることで急成長する我が子たち

第5章 知的障害がある我が子の「就労」の準備

終章 家族と病気と向き合いながら無理せず生きる

STAFF

デザイン　藤塚尚子
カバーイラスト　平井さくら
表紙イラスト　佐藤姫歌
編集協力　真田晴美
監修　信州大学医学部子どものこころの発達医学教室
教授・児童精神科医
本田秀夫
DTP　エヴリ・シンク
校正　鷗来堂
編集　杉山 悠

序章

訳ありで育った僕と行き場のない妻との出会い

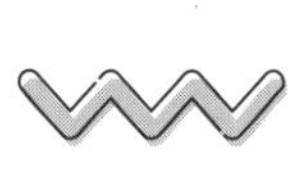

ほぼ育児放棄で育った僕の生い立ち

僕の生まれた家は、川崎市内の古い木造の風呂なしアパートでした。

父は大手自動車会社の工場で働いていましたが、仕事以外は誰かと飲みに行くか競馬をしていて、家にはあまりいませんでした。

スナックの従業員だった母は僕が物心ついたときからずっとお酒を飲んでいて、アルコール依存症でした。家でも酔って暴れていました。幼稚園の頃から、その姿が僕の記憶に残っています。

母はお酒、父は競馬。**そして2人には、それぞれに浮気相手がいました。**

だから2人とも家に寄り付かないし、母が知らない男性と仲良く写っている写真を見つけたことも、父に隠し子がいると母から聞いたこともあります（これはいまだに嘘か本当かわかりません）。

当然、顔を合わせれば、しょっちゅう夫婦げんか。僕が小学生の頃から「ヤス！

どっちにつくんだ！」と、母は僕に離婚話を何度もしていました。

次第に、僕はそんな親を見ても何とも思わなくなりました……。

父も母も、一人っ子の僕に勉強を教えてくれません。僕も勉強好きではなかったので、やっぱりそれなりの成績でしたが、通知表を見るたびに父は僕のことをビンタしました。

ただ、僕は運動神経が良くて足が速く、クラス中を笑わせるムードメーカーだったので、自分で言うのもなんですが、学校ではモテていました（笑）。

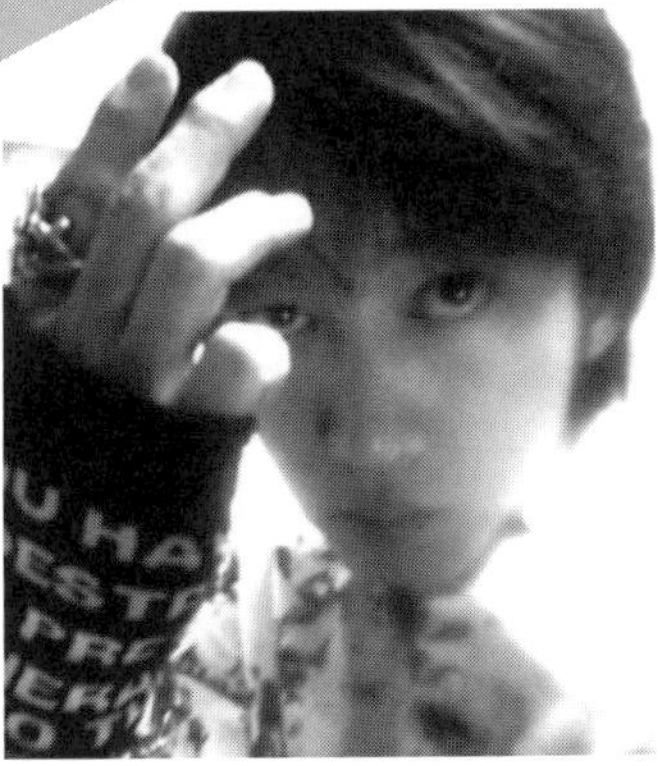

絶好調だった若い頃の僕（やすパパ）。

中学に上がると、学校は荒れまくり。授業中に生徒が先生を殴るのは日常茶飯事で、学校同士の抗争もありましたし、暴走族も多かったです。**僕は「暴走族」こそ入らなかったけれど、問題行動ばかり起こしていました。**

そんな僕を見て、父は父なりに「このままでは手がつけられなくなる」と心配したのかもしれません。中学卒業とともに僕を強引に家から追い出して、知り合いのツテを頼って海老名にあった寮付きの研磨工場に就職させます。

仕方がないので、僕はバイクを買うのを目標にして2年半くらい真面目に働きました。以降はいろいろな仕事をしたい、という思いで挑戦を続け、中卒で派遣社員をしながら、ロジスティクス（物流）倉庫の職場でリーダーを任されるなど、仕事に精を出す日々を送っていました。

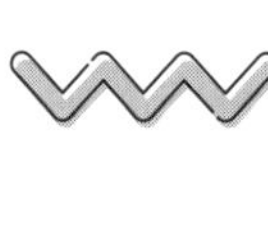

突然始まった妻との暮らし

僕が妻と出会ったのは、30歳のときです。

当時の僕は夜勤の仕事をしていましたが、同僚に頼まれたんです。「知人の紹介で知り合った女の子に何度もデートをすっぽかされてる。佐藤さん、その子に会って説教してやってくださいよ」と。

「なんで僕が」という気持ちもありましたけど、なぜか引き受けてしまったんです。

その相手が、妻でした。

同僚はその子に対してすごく怒っていたけれど、実際に会ってみると笑顔がかわいらしく、寒い中でもTシャツ1枚で現れたり、自分から自己主張してこない控えめな女性でした。**それが新鮮で、まあ、一目惚れしてしまったわけです。**

説教なんてすっ飛びましたね（笑）。

でも、当時の妻はすでに他の男性と同棲していました。高校卒業後、実家から家出して、複数の男性の家を転々としていたそうです。そして、同棲している男性とはもう冷めているから、相手の家を出たいと言います。

僕は川崎の実家に住んでいたので、すぐ一緒になれるわけではありませんでしたが、何とか工面して、その話を聞いた1週間後に部屋を借りて同棲を始めました。

彼女を迎えに行く日は、同棲中の恋人を略奪するので相手の男性とケンカになってもしょうがないと決死の覚悟で行ったところ、**相手があっさり「わかった」と頷くので面食らいました。**

「別にいいけど、働かないですよ」。相手の男性がそう言う意味が、このときはあまりわかっていませんでした。

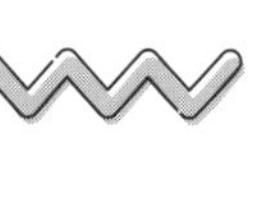

一緒に暮らし始めてから感じた日常の「違和感」

彼女の無知に驚いたのは、一緒に暮らし始めてからです。

まず、カレンダーの読み方がわかっていませんでした。「来週の水曜は夜中の仕事になるから」と話していたのに、話が通じていなかったことが何度もあり、試しに

同棲半年頃の妻。朝の川崎駅前で、妻にダンスを教えるために夜中から朝まで２人で練習していました。

「来週の水曜を指差して」と聞くと、指差せないのです。

これはおかしいと思いました。

「今日は月曜日だけど、１週間後は何曜日？」という質問にも答えられないし、年末年始や大晦日がいつかもわかりません。

時計は読めますが、６時間後と言われると、わからないようでした。

そこまでいくと、やっぱりどんな育ち方をしてきたのかが気になります。

彼女に聞くと、子どもの頃はたくさんの習いごとに通っていたそうです。塾のほかにも、公文式やそろばん、ピアノ、習字、スポーツクラブなど、いろいろな習いごとをしていて、家庭教師がついていたこともありました。

確かに彼女はピアノで『猫踏んじゃった』は弾けたけれど、できたのはそれくらい。習字は楽しかったそうです。

塾や習いごとにたくさん通ってきたのに、なぜこうなるのか……？

頭にハテナマークは浮かぶものの、もともと性格が楽観的な僕は「ま、これから教えてあげればいいか。どうにかなるだろう」と思い、**時計をアナログからデジタルに買い替えて、生活に必要なことを彼女に教え始めました。**

妻は何一つ自分では決められませんでした。

洋服も知り合った頃は黒しか着なかったのですが、僕が彼女に似合いそうな髪型や洋服を勧めたら受け入れる、といった具合です。

当時は2000年頃で、すでにインターネットはありましたが、今ほどには情報のない時代です。知的障害や発達障害すらよくわかっていなかった当時の僕の頭に、

「障害」という言葉が浮かぶことはありませんでした。

ただ、僕が教えてあげればいいと思っていたけれど、**彼女に何度教えても、覚えてくれません。** こちらが一生懸命教えたこともできるようにならないのです。

それが続いていましたが、僕には彼女と別れようという思いはなく、むしろ「自分が守らなければ！」という気持ちが一層強くなりました。何より、一緒に居るのがとても楽しかったのです。

それまでの彼女は、自分が理解できていないことを必死に隠して生きてきたようです。

意味もわからないのに頷いたり、わかったふりをしたりして、何を言われても肯定する「イエスマン」で生きてきました。

自分を守るためにそうしてきたのです。

それを知った僕は、彼女にわからないときはわからないと言っていいと伝えま

した。

すると、やっぱり「わからない」の連発……。でも彼女も次第に自分の話をオープンにするようになっていきます。

それでわかってきたのは、妻の生い立ちです。

妻は、子どもの頃からたくさんの習いごとをしてきたけれど、やっぱりどうしてもうまくやることができませんでした。何を習ってもうまくできない。何度言われても覚えられない。学校の成績も悪い……。

そんな妻は、人格を否定するような言葉をかけられたりしたこともあり、厳しく叱られながら育ったそうです。

妻は実家にいることが辛くてたまらなくなって、祖母の家にいることが多かったそうです。高校卒業後は逃げるように家を出ましたが、家出をしても捜索願は出されませんでした。

妻の知的障害と解離性障害

僕が妻の両親に初めて会ったのは、妻の実家に挨拶に行ったときでした。その席で、半分呆れ、半分感心するような顔で、「よく娘（妻のこと）と一緒にいられるね」と言われたんです。

「え〜、なんでそんなことを言うんだ!?」とびっくりして、僕は咄嗟に「いや、大丈夫ですよ」と返すほかなかったのですが、**考えてみれば、妻の両親は「普通」ではない娘を持て余していたのかもしれません。**

さんざん手をかけていろいろな習いごとをさせても、思うようにいかない。覚えられない。問題行動ばかり起こす。

そんな娘に対して「怒鳴る」「罰を与える」などの強硬手段を取れば、とりあえずその場では言うことを聞いたのかもしれません。

でも、それで良くなるどころか、年齢が上がるにつれてますますできないことや問題行動が増えていく。そんな悪循環の中で、親子関係がどんどん悪化していったのかもしれません。

やはり知的障害のある子どもには、その方法ではうまくいかないと思うからです。

僕が妻の障害を知ったのは、長男が知能検査を受けた後のことです。

僕たちのことを知っていた保健師さんが、「もしかしたら、奥さんも調べてみた方がいいかもしれませんね」と、ちょっと遠慮がちに妻の検査を勧めてくれました。

その結果、長男だけでなく妻にも中度の知的障害があるとわかって、無知な僕は驚きはありましたが、どうにかなると思っていました。

でも、一方では「だからか！」と腑に落ちることもたくさんあって、妻も「私って知的障害なんだ」と、案外素直に受け入れていました。

知的障害については、親の育て方や本人の努力不足が原因ではなく、生まれつきの脳機能の障害が原因だといわれています。

だから、妻のことは僕が支え続けたいと思っています。

ただ、妻の解離性障害やオーバードーズ（薬の過剰摂取）については、少し話が違います。

妻は2021年のゴールデンウィークにいきなり気を失って倒れ、病院で起きたときには記憶の一部がなくなっていました。

今でも時々倒れることがあって、その間の記憶を失っています。

薬の飲みすぎで意識が朦朧となり、強制入院時に大暴れして感情の起伏が激しくなったりしました。

医師によると、こういう症状は過去のトラウマが原因の可能性が高いといいます。解離性障害は幼い頃の虐待やネグレクト、家庭内暴力、いじめ、災害、事故など恐怖を感じた体験がトラウマになって発症することがあるそうです。

妻と両親との関係は、幸い今では改善していますが、それでも妻はいまだに子どもの頃のことを夢に見て、ひどくうなされることがあります。

結婚式にて。自力で結婚式を挙げられなかった僕たちへ、妻の父から最高のプレゼントをいただきました。

発達障害を持つ子どもは、周囲が理解してくれないことや適切な対応を受けられないことが原因で、精神疾患などの二次障害を引き起こすことがあります。**周りの人は、障害に早めに気づいてあげることが大事なのだと思います。**

妻が、まさか初孫（翔輝）を産むとは、妻の両親は思っていなかったようです。妻は3人きょうだいですが、妻が初孫を産んだ後は我が家に来てくれるようになるなど、両親は優しくなりました。

妻の母親がたくさんのオモチャを買ってくれたり、父親はホテルで働いていたので、そのチャペルで結婚式を挙げさせてくれたり、スイートルームも無償でとってくれました。何もしてやれなかった娘への最大の償いだったのかもしれません。

特に、妻の母親が僕の車に同乗したとき、妻は涙をボロボロ流して泣いていました。それまでそんなことは一切なかったので、妻にはとうてい信じられないことだったんだそうです。

何度もくり返す、妻の困った「癖」

妻には、相手の言っていることの意味がよくわかっていないのに「わかった」と簡単に頷いてしまうところや、「わかった」と言ったのに忘れてしまうところ、知らな

いのに知っているふりをするところがあり、それが結果的に周りの人から「嘘をついた」と思われてしまうことがあります。

妻にはもう一つ困った「癖」がありました。それは、浮気です。

そもそも、僕と出会う前から男性のところを転々としていたことは妻から聞いていましたが、僕と一緒に住み始めてからも他の男性と連絡を取って会っていました。よく携帯電話をいじっていて、隠れて電話しているのもわかっていました。僕がそれを咎めて「もうやめてね」と言うと泣いて謝るのですが、また繰り返します。

電話番号が書いてある紙をポケットから発見した時に問い詰めたところ、男性だと分かった時は、流石の私もブチ切れて妻の携帯を真っ二つにへし折ったこともありました……。

それが深刻化したのが、子どもができてからでした。

ある日マンションの下の階の住民が「奥さん、子どもを置いてどっかに出かけてるみたいだよ。子どもの泣き声がずっと響いてる」と教えてくれました。

それを妻に聞いても、「知らない」の一点張りです。

そんなことが何度か続いたある日、とうとう下の階の住民が心配して警察に通報しました。

警察官が来たとき、ちょうど出かけていた妻が帰ってきて、何とかごまかしたらしいのですが、僕も早く帰宅したときに妻が外出していたことがあって問い詰めると、ようやく妻は打ち明けたんです。

5キロ先に住んでいる男性と浮気をしていた、と。

普通なら、そこで夫が怒って離婚という話になるのでしょうが、浮気性の両親を見て育った僕には、変な耐性がついていたのかもしれません。

相手の男性に電話して、もう連絡を取らないことを約束させ、妻にも強く言って話を終わらせました。

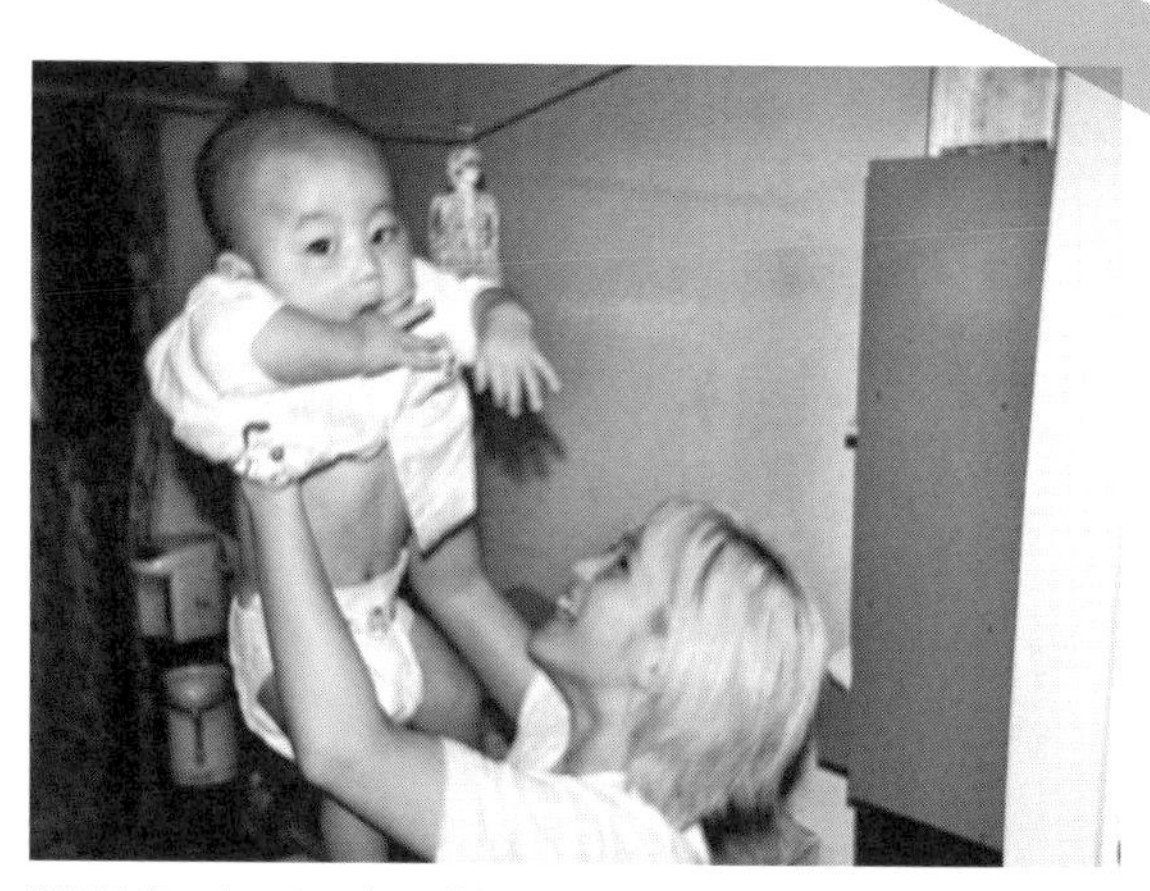

翔君を高い高いする妻。愛情や喜びを示すこともたくさんありました。

でも、残念ながら、そこで妻の浮気がおさまることはありませんでした。それが僕にばれると泣いて謝ります。

でも、また浮気……。その繰り返しです。

妻は恋愛に対して依存傾向があるんじゃないかと思いますが、考えてみれば、小さい頃からの両親との関係も影響していたのかもしれません。

妻の実家では、一回ごとの食事の量がとても多く、食卓に出されたものはすべて食べなければ怒られたそうです。

食事だけでなくて、お菓子も出されたものは全部食べないとダメだったので無理して食べていたら、思春期の妻はかなり太ってしまいました。

髪型も親から決められていて、髪を切りにいくときは親が付き添って決まった髪型にされていたそうです。

そのため妻には外見のコンプレックスがあり、「痩せて男性にモテたい」という気持ちがありました。

誰かに愛されたい、大事にされたいという思いも人一倍強く、自分を求めてくれる男性がいることで、自信や満足感を持てたのかもしれません。

また、妻は僕に対する嫉妬の感情も激しく、**職場の飲み会が何度か続いただけで怒って実家に帰ってしまったこともあります。**

職場の同僚と飲みに行くときは、途中で妻に電話をして同僚に電話口に出てもらい、女性とデートしているわけではないことを証明しないといけないほど……。当時の職場の同僚には迷惑をかけていました。

それから当時は知らなかったのですが、妻は僕の携帯電話に登録されていた女友だち全員に電話をかけて、「夫ともう関わらないでください」と言っていたそうです。結果的に、僕の友人関係は次第に疎遠になり、友人がいなくなりました。

子どもたちが大きくなってからは、妻は僕が子どもを可愛がっていると嫉妬するようになりました。

それでも僕が妻を諦めなかった理由

こんなふうに、僕はたびたび妻の浮気や嫉妬に悩まされてきましたが、**結婚11年目の春、妻はついに家を出て行きました。ある男性と暮らすようになったのです。**

それによって、僕たち家族はバラバラに別れて生活することになります。

僕の母に連れられて出かけたお店にて。第一子の妊娠初期から中期くらいの時に撮影。

その間も、僕は諦められずにずっと妻にメールで連絡し続けました。
なんでこんなに妻にこだわるのか、自分でも不思議でした。

やっぱり自分がほぼ育児放棄で育った分、自分の家庭は大事にしたい、という思いが強いのだと思います。

僕は自分の父親に似ているのかもしれません。
お互い浮気ばかりしてケンカの絶えなかった両親ですけど、結局、2人は死ぬまで別れないままでした。

いや、もう見捨ててしまいたいけど、危なっかしくて見捨てられない。

最後の支えになるのは自分しかいないんじゃないか……。

父はそんなふうに母を見ていて、**自分はその父にどこか似ている気がしたのです。**

とにかく、自分が結婚したときには絶対にあんな両親のようにはならない、みんなが仲のいい家庭をつくろうと心に決めていたのに、**結局、両親のように揉めることに……。**

当時の僕はそう感じて愕然としていました。

第1章

家庭崩壊した我が家の過去について

天国から地獄に変わった僕の10年間

少し話を戻して、翔君と姫ちゃんが生まれた頃のことに触れます。

30代までの僕は、性格が楽観的なだけでなくて、かなりの負けず嫌いでした。いろいろな仕事をしてきましたけど、中卒という学歴で負けたくないという気持ちが強かったため、**猛烈に仕事をして他の人の倍の成果を出すようにしてきました。**

妻と出会った頃には、派遣社員でありながらロジスティクス（物流）の職場でリーダーを任され、若手の部下には「アニキ」と慕われて高い給料ももらっていて。

まさに絶好調の時期でした。

31歳で妻と入籍、32歳で長男の翔輝が誕生。

仕事は死ぬほど忙しかったけれど、出産後にてんかんの発作を起こして辛い産後を過ごしていた妻の代わりに翔君にミルクをあげたり、寝かしつけたりするなど、子ど

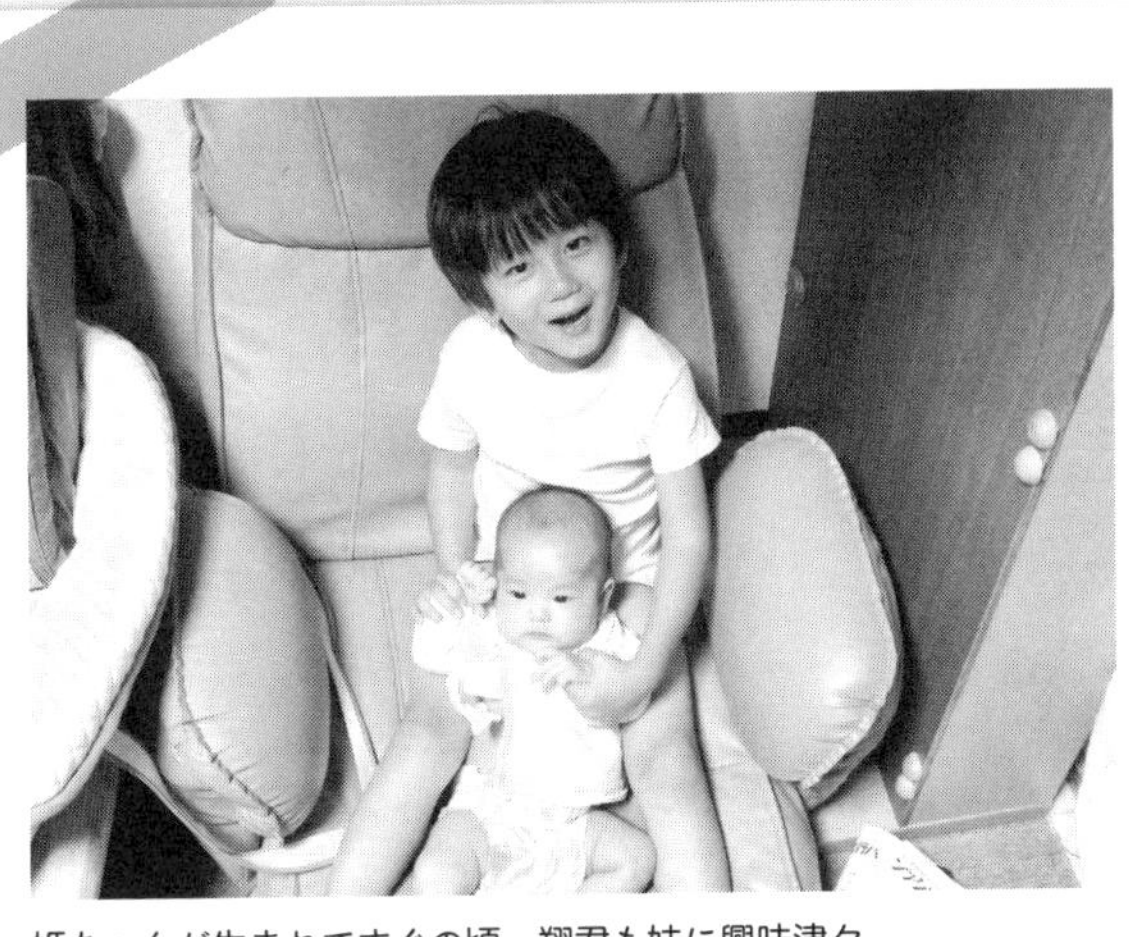

姫ちゃんが生まれてすぐの頃。翔君も妹に興味津々。

もの世話もよくしていました。

翔君が3歳のときの発達検査では「発達遅滞」と言われました。

この検査で翔君は座っていられずにウロウロしたり、集中することができずに落ち着かなかったり多動症で、検査をするのもひと苦労。

それでも僕は重く受け止めることはなく、何とかなるだろうと考えていました。

その後、長女の姫歌も生まれて、家族が賑やかになります。

新しいマンションで姫ちゃんと。すべてがうまくいっていた頃。

ちょうどその頃、5歳の翔君の知的障害が、その1年後には妻の知的障害がわかりました。

前にも触れたように驚きはありましたけど、その結果が出たことで2人のことがわかって気持ちがスッキリした面もあったし、「障害」と説明した方が周りの人に理解してもらいやすくなる面もありました。

自治体の福祉支援課や保健師さんも、我が家を助けてくれるようになりました。

僕が39歳のときには、川崎市内に分譲マンションを購入します。月々の支払額も高かったし、派遣社員の身なので不安もありましたが、貯金も結構貯まっていたので大丈夫だろうと考えていました。

仕事は順風満帆。

長男と妻は知的障害で、妻には浮気癖もあるけれど、当時は自分に自信があったこともあって、きっとどうにかなると楽観的に捉えていたんです。

それが、あるときから急に流れが変わって、天国から地獄に突き落とされることになります。

僕が40歳のとき、社内で異動になって、女性だけの職場のリーダーを任されることになったんです。

しかし、私のやり方は女性には違和感を与えるみたいで、派閥や悪口の言い合いなどに振り回されて陰湿な現場に本来の力を発揮できなくなり、職場がうまく回らなくなりました。

ストレスでパニック発作も起こるように

それまではメンタルが強く、どの職場でもストレスを感じたことのなかった僕が初めてストレスを感じるようになったのです。

そのうち夜も眠れなくなってきて、いつも「キーン」という耳鳴りがするようになりました。激しい動悸や胸の痛み、ひどい手汗など、身体にさまざまな症状も出始めました。

耳鼻科や内科に行っても、原因はわかりません。脳波の検査をしてみても、異常なし……。しばらく病院を転々としていましたが、ついに医者から「精神科へ行ってみたらどうですか?」と言われて、精神科に通うようになります。

そこで処方された薬を飲むと症状はいったん楽になるけれど、根底にある不安は消えませんでした。

精神科の医者からは、6週間強いストレスを感じ続けると身体に異変が起こり始めると言われましたが、当時の僕がまさにそうでした。

不安になればなるほど体調は悪化していき、薬の量も徐々に増えていきます。

そうなると、困ったことに眠気やダルさ、脱力感などの副作用が出てきて、仕事に集中できなくなるどころか、仕事中に睡魔に襲われるようになりました。

それだけでなくて、時々パニック発作も起こるようになりました。

突然、動悸が激しくなって右半身が痺れたり、気を失って倒れそうになったり。「うわ～、死んじゃう！」と咄嗟に思って救急車を呼んだこともありました。そのうち体調不良で会社を休む日が増えていきます。

結局、僕はリーダー職を解かれて負担の少ない部署に異動しました。その話をされた時は家族を思い出し、自分の不甲斐なさに人前で涙をボロボロ流し泣いてしまいました。悔しかったです。

次第に給料も減っていって、最終的には全盛期の半分の額に……。だから、この時期はとにかく生活をつなぐために必死でした。

いろいろ相談していた役所の福祉支援課の方や保健師さんたちからはマンションの売却を勧められましたけど、僕はどうしても諦めきれず、ローン会社に何とか支払額を調整してもらって細々と払っていました。

でも、その後に妻が交通事故にあったり、翔君が脱走（一時失踪）したりすることが続いて、自分自身の精神疾患もすっかりひどくなってしまいました。

もう、とても仕事をしていられる状態じゃなくなり、ついに長年勤めていた職場を辞めることに……。

その後も精神疾患の症状は治まることなく、ずっと薬を飲み続けていました。

家庭が崩壊した日

当時の妻は障害者福祉事業所の作業所で働いていました。

翔君は小学校低学年で、日中は特別支援学校に通い、放課後は18時まで障害者向けのデイサービスに通っていました。姫ちゃんは朝から夕方まで保育園です。

その頃の妻は、子どもたち、特に翔君の面倒を見ることが難しく、ものすごいストレスを抱えながら育児をしていました。

そのため、朝は僕が翔君をスクールバスのバス停まで送った後に姫ちゃんを保育園まで送り、帰りは妻が姫ちゃんを迎えに行き、翔君はデイサービスの送迎です。

僕は残業が多かったのですが、**なるべく妻が長時間子どもたちの世話をしなくてもいいようにしていました。**

それでも、どんどん妻の精神面が不安定になってきたため、2010年の春にショートステイを利用して、2週間だけ翔君を児童福祉施設へ預けました。少しでも妻に休んでほしいと思ったからです。

ただ、2週間後に翔君がショートステイから帰ってきたとき、僕が久しぶりに会う翔君をすごく可愛がっていたら、妻が嫉妬して怒ってしまったんです。

そんな強い嫉妬が息子に向けられるなんて、思ってもいませんでした……。

溜まりに溜まった日々のストレスと、翔君への嫉妬心……それが膨らんだ結果、ある日、妻は家を出ていきました。

コンビニに行ってくると言ったまま、しばらく経っても帰ってこないのです。翔君といろいろ捜し回ったけれど、どこにもいません。いよいよ警察に行かなきゃと思ったとき、**妻から「もう一緒に暮らしたくない」というメールが届きました。**

それ以降は、こちらからメールを送っても無視するか、「お前たちなんてもう知らない」なんて暴言ばかり……。

それでも連絡し続けてわかってきたのは、同じ作業所で働いていた男性の障害者に優しくされて男女関係になり、その人の家に逃げたということでした。

やはり困ったのは、子どもたちをどうするかということです。働いている僕だけで2人の子どもを見るのは大変です。

そこで、福島にいる僕の両親に事情を話して、子どもたちを預かってもらえるよう

福島から姫歌を迎えに来た僕の母親。

頼むと、「姫ちゃんは大丈夫だけど、脱走をする翔君は無理だ」という返事。

仕方ないので、姫ちゃんだけでもしばらく預かってもらうことにしました。

それでも急には無理ということだったので、**役所の福祉支援課に相談して、翔君と姫ちゃんは3週間ほど別々の児童福祉施設に預かってもらうことになりました。**

2人の子どもと一緒に過ごす最後の日。僕は胸が張り裂けそうでした。

でも、そんな絶望的な気持ちの一方で、僕の胸には**「妻を連れ戻して、**

4人家族を壊されてたまるか！

また家族4人で暮らすんだ」という強い思いもありました。

子どもは当然だけど、こんな仕打ちをする妻のことも諦めきれなかったんです。そこまでしてどうして、と思われるかもしれないけれど、**やはり僕は家族というものに対する思いが人一倍強いんだと思います。**

その後、翔君は児童福祉施設、姫ちゃんは福島の実家、僕は何とか仕事を続けながら妻に帰ってくるようにメールで説得を続けました。

妻からは署名入りの離婚届が送られて

きたこともありますが、それでも前向きな言葉を送り続けていました。

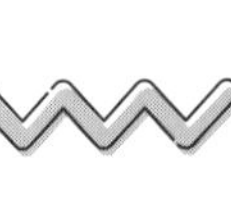

妻は大暴れして家に戻らない日々

また、孫たちのことを心配していた妻の両親からも、妻に連絡を取ってもらい、妻の弟さんもわざわざ来てくれて妻を説得してくれました。

福祉支援課の方たちも、僕に協力してくれました。

一度、妻を役所に呼び出して話をしてくれたのですが、**そのときの妻は、なんと椅子を振り回して大暴れ。**

仕事中に役所から「今すぐ来てください!」と緊急の電話がかかってきたので大慌てで駆けつけると、そこにいたのは、疲れ切って床に座り込んでいる妻でした。

帰ってきた妻と、一時帰宅した翔君と3人でクリスマス。

その後、妻はいったん家に帰ってきましたが、またすぐ相手の男性の家に戻ってしまいました。

その当時の僕は、少しでも引っ張ったらぷつんとちぎれそうな細い糸を、どうにかつないで持っているという感じでした。

また、この時期、突然、妻から自撮り写真が送られてきたことがあります。

どんなつもりだったのかわかりませんが、その妻の顔は変わり果てており、「絶対に取り戻すぞ」と、さらに強い覚悟を持ちました。

そんな生活が数ヶ月続いていた、ある日。いきなり妻からメールが届きます。

「私、やっぱりタカ（僕の名前）と暮らしたい」というのです。

僕はすぐ迎えに行きました。

これまでさんざん味わわされてきた苦労や悔しさ、絶望、子どもたちと別れて暮らす寂しさ、子どもたちに対する申し訳なさ……。たくさんの感情が浮かんできて思わず一気にぶちまけてやりたい衝動に駆られましたが、グッと堪(こら)えて妻にも浮気相手にもぶつけることなく、ただ黙って妻を引っ張って帰ってきました。

帰りに立ち寄ったコンビニでは、クリスマスソングが流れていました。ちょうどクリスマス当日だったのです。

その日は翔君を一時帰宅させていたので、そのコンビニでクリスマスケーキを買って家に帰り、3人で食べました。

妻が失踪してから、8ヶ月が経っていました。

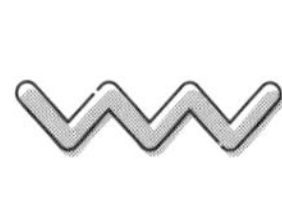

家族の再スタートと東日本大震災

妻が家に帰ってきて、すぐに2011年になりました。

家に帰ってはきたものの、妻の精神面がまだ不安定だったので、しばらく子どもたちは預けたままです。

そして3月11日。あの東日本大震災が起こります。

その日、仕事をしていた僕がすぐに家族の安否確認をすると、妻はすぐに無事がわかりました。

しばらくして翔君の施設からも連絡があり、安否を確認。

でも、姫ちゃんのいる福島だけは電話をかけまくったのに、まったくつながらない!

ヤキモキしながら一晩が経ち、翌朝ようやく公衆電話でつながって、姫ちゃんや僕の両親の無事を確認できました……。

ただし、当時は原発問題もあったので、4月に姫ちゃんは川崎に戻すことに。

このとき、翔君はまだ児童福祉施設にいました。2週間に一度、1泊2日で家に帰ってきますが、翌日には施設に戻らなければいけません。

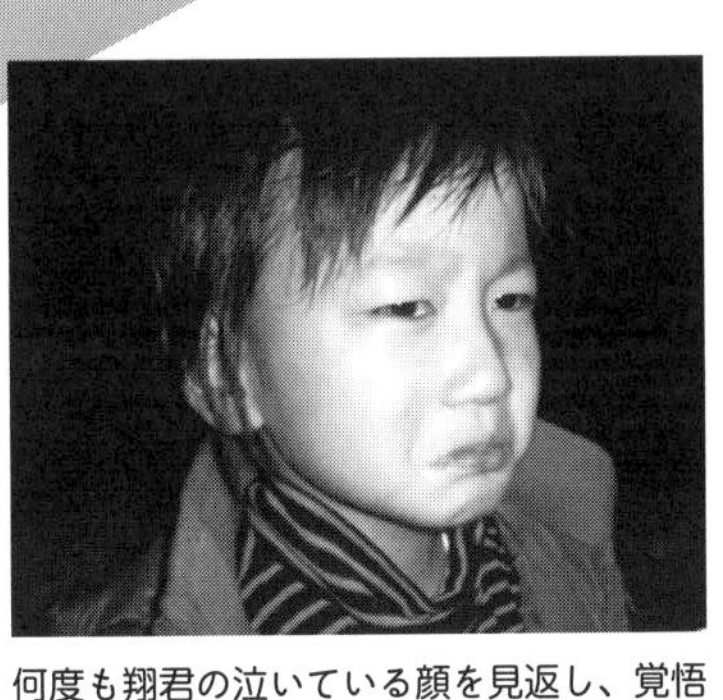

何度も翔君の泣いている顔を見返し、覚悟を高めるために撮影した唯一の泣き顔写真。

そんなとき、翔君は「戻りたくない」と泣いてしまうんです。よっぽど寂しかったのか、施設が嫌だったのか、手を施設の壁に打ち付けていたため手の甲が紫色に腫れ上がり、**ストレスからどんどん言葉が出なくなっていきました。**

でも、施設を管轄している児童相談所も、我が家の事情がわかっているので、すぐには翔君を家に戻してくれないのです。

その頃には、妻も翔君に帰ってきても大

丈夫だと言っていたので、僕と児童相談所の担当者の間で、「息子を戻してほしい」「いや、もう少し様子を見ましょう」「妻も大丈夫だって言ってますから！」と、押し問答のようなやり取りを何度も繰り返していました。

結局、翔君が我が家に戻ってきたのは、2011年の9月。**家族が全員、家に戻るまでに1年半もかかってしまいました。**

それまでには、福島から来てくれた僕の母や、妻が戻るように何度も相手の男性宅まで説得に行ってくれた妻の弟や母、そして僕と妻の間に入って何度も調整してくれた役所の尽力があったのです。

僕たち家族をつなぐ大きな力になってくれました。

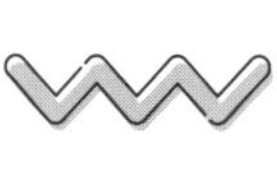

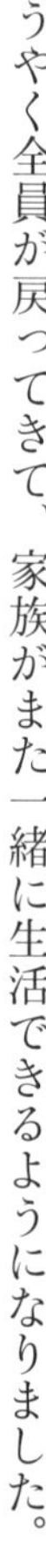

負の連鎖が続き一人で抱え込む辛い日々

ようやく全員が戻ってきて、家族がまた一緒に生活できるようになりました。

それ自体はとても嬉しかったんですが、**その後は精神疾患の治りきっていない僕が一人で家族の問題を抱え込むことに……。**

妻に負担をかけたら、また何か問題が起こるかもしれないと思ったら、全部一人でやらなきゃいけないと抱え込んでしまったんです。

家出中の妻に「家に戻ってきたら、何もしなくてもいいから」と言い続けていたこともありました。

ただでさえ薬の副作用で辛い状態なのに、日々の生活のためには働かなければいけないし、役所の手続きや子どもたちの学校行事なども対応しなくちゃいけません。買い物などの家事や、子どもたちの病院の付き添いも一人でやっていました。

それまでの僕はずっと「どうにかなるさ精神」で生きてきたけど、さすがに「もうどうにもならない」と思うように……。

そんな中、僕はさらに頻繁にパニック発作が起こるようになります。

それを抑えるために薬を多く飲むと、やはり仕事ができなくなります。

仕事ができなければ収入がなくなって、住宅ローンや生活費が払えない……。

もう、負の連鎖です。


仕事をしなきゃいけない、やらなきゃいけないこともたくさんあるのに、「何もできない！」というジレンマで、僕は一人苦しんでいました。

周りに親戚やきょうだい、友だちなど、気軽に相談できる人がいなかったのも良くなかったのかもしれません。


薬の副作用でぐったりしながら、自分が動かないと何にも動かないことに、僕は毎日焦っていました。体調はますますひどくなり、半年間ほどまったく仕事ができなかった時期もあります。

仕事から遠ざかれば体調も良くなるかも、と期待したのですが、翔君の脱走やお金の心配などもあって気が休まることはなく、体調も回復しませんでした。

「心配」と「感謝」の気持ちがない妻

これは知的障害の特性なのか、妻だけの特性なのかわかりませんが、当時の妻には、心配と感謝の気持ちが欠如しているところがありました。

人に何かをしてもらったときに「ありがとう」とお礼を言うとか、僕が薬の副作用で起き上がれなくてウンウン唸っているときに「大丈夫?」と一言声をかけることもありませんでした。

僕が倒れている横で、いつも通りにスマホを見たり、テレビを見て笑ったりしています。

そういえば、子どもができる前に僕の母親が妻にお小遣いをくれたことがあったのですが、それを受け取った妻は無言で、感謝の言葉を口にしませんでした。それで僕の母にえらく怒られて、妻は泣いていました。

人に何かをもらったら「ありがとう」と言うことを教えてもらえなかったのか、教えられたけど覚えられなかったのか……そこはよくわかりません。

ただ、僕が一緒に暮らし始めてからは**「こういうときは、ありがとうって言わないとだめだよ」と何度も教えて、今では言えるようになりました。**

だから、妻にはどこか子どもみたいなところがあります。「こういうときには、こうするんだよ」と何度も教えればできるようになる。でも、一人だけでは子どもたちを病院に連れて行けないし、自分の通院も一人では行けません。

正直に言えば、「男には一人で会いに行けたよな……！」って納得できない思いもあるのですが、よく話を聞いてみると、**「病院に行くことは物理的に無理というよりも、医者と話すときに緊張してしまって病状を説明できないのが嫌」**なんだそうです。

自分が愛されるとか自分が大事にされる相手だったら、一人でも行ける（むしろ行きたい）ということなのかもしれません。

でも幸いなことに、あの家出騒動後、妻の浮気癖は落ち着きました。いろいろな人からさんざん説得され、迷惑をかけたので、さすが（？）の妻も懲りたのか……。

それ以前は、必死に僕にスマホを見られないようにしていたのですが、それもなくなりました。妻は人の気持ちを受け止めて、妻自身も苦しんだすえ浮気癖を克服したと僕は思っています。

ただ、妻は不安になると、自分の手脚を激しく叩くなどの自傷行為や、ODをしてしまいます。だから朝、仕事に出かけるときも「今日は自傷しないだろうか」「薬を飲みすぎないだろうか」と心配しながら出ていくことになります。

また、当時は翔君の脱走もたびたびありましたし、僕がいない間、「翔君と妻の関係は大丈夫だろうか」などなど、心配のタネは尽きません。

僕の家族は皆、個性が強いのです（協調性がないとも言えます……）。**僕が家族を**

つないでいないと、すぐにバラバラになってしまうかもしれません。

だから、妻が帰ってきて家族が揃った後も、不安がない日はありませんでした。

辛い日々を支えてくれた保育園と放課後デイサービス

先ほど身近に頼れる人がいなかったと書きましたけど、福祉施設の関係者の中には、僕たちを助けてくれる方々もいました。

特に、姫ちゃんの通っていた保育園の園長先生は、とても温かくて熱い人柄の女性でした。

福島の実家に姫ちゃんを預けて数ヶ月たった頃、このままどうなるかわからない中で保育園に在籍したままでは他の入園希望者に迷惑がかかるし、もうやめた方がいいだろうと思って僕が園に言いに行くと、この園長先生にこう怒られたんです。

「だめだよ諦めちゃ！　もう一回、家族4人で住むって言ってたのに、お父さんが諦めたら、ここで終わりでしょ！　やめたら保育園ももう入れないよ」

園長は、それまでも僕の話をよく聞いてくれました。

僕が保育園に行くたびに事務室に呼ばれ、お茶が出てきて「話したいこと、ここで全部話していきな！」とじっくり話を聞いてくれるのです。

それで僕は、妻が出て行った事情も泣きながら園長に相談。**当時は、この園だけが僕の本音を気兼ねなく話せる場所だったかもしれません。**

結局、この園はやめず、姫ちゃんが帰ってきてからもお世話になりました。

だから卒園式で、僕は嗚咽し、こらえきれずに号泣してしまいました。姫ちゃんには「恥ずかしかった」って言われちゃいましたけど（笑）。

そういえば、この卒園式には妻の母も駆けつけてくれました。

それから、翔君の通っていた障害児向けの放課後デイサービスの方たちもとても親切で、その寛容さにはこちらが驚くくらいでした。

この施設で翔君は自動ドア（ドアの開け閉め）の面白さに開眼して、こだわりがヒートアップしていくのですが、**デイサービスでは翔君がそれをやってもけっして叱ることなく、柔軟に対応してくれました。**

翔君は車のカタログやチラシを切り抜くのも好きで、外出したときもチラシやカタログを片っ端から持ってきちゃう癖があるのですが、それにも協力してくれました。

それに、翔君がデイサービスで暴れたときも、まったく動揺しないんです。迎えに行ったら「翔輝君、今日ここの窓枠を壊しちゃったんですよ、アハハ！」と笑っていて、話を聞いた僕の方が「ええ～!?」と動揺しました。

「翔輝君、今日トイレ詰まらせちゃって、業者を呼んだんですよ、アハハ！」もありました。

ただ今日の出来事を報告するという感じです。そして恐縮する僕に、「いや、うちらはヘッチャラですから！　じゃ、また明日よろしくお願いします。迎えに行きますね」ってにこやかに告げるのです。

親の心も気遣ってくれて、まさに福祉のプロ！

施設から帰ってきて問題行動が多く、入所を断られデイサービスの行き場のなかった翔君を救ってくれました。

やすパパたちのために組まれたチーム

行政の方たちも、いろいろと対応してくれました。

姫ちゃんが生まれた翌年に妻の知的障害が判明したのですが、私が安心して仕事に行けるようにと我が家に対する福祉チームが組まれたのです。

児童相談所の方、福祉支援課の方、保健師さん、療育センターの方、作業所の

たくさん練習して乗れた自転車。大変な状況でも子どもたちは成長していきます。

支援員さんの5人のプロのチームです。

我が家に5人のプロが集まって、「これにはこう対応していきましょう」と対応策を話し合ってくれました。

例えば妻が病院や買い物に行くときには一緒に行ってくれるし、保育士さんは週に2回、様子を見に来てくれました。

5人の方が僕と頻繁に連携を取りながらやってくれたので、僕も安心して仕事に行けるようになってホッとしましたし、我が家のことを気にかけてくれるプロが5人もいるんだと心強く感じていました。

ただし、妻としては自分が監視されているように感じて不満だったみたいです。そのときはまだ浮気をしていた時期だったので、それができなくなるのも面白くなかったのかもしれません。

また、妻には若い女性に対するライバル意識や苦手意識があり、人事異動でチームの1人が20代の女性に代わると、ずっと居留守や無視を続けました。

こんなふうに妻も非協力的でしたし、役所の方も人手不足だったこともあって、結局、1年も持たずにチームは自然消滅……。

でも、作業所の支援員さんはずっと僕たちの面倒を見てくれました。

家に頻繁に見に来てくれて、妻が病院に行くときには付き添ってくれて。

僕は仕事に行かなければいけないので、この方には本当に助けてもらいました。

福祉支援課の方も、その後に妻が家出をしたときに親身になってくれました。

この2人にはずっと僕たちのことを見守っていただけて、本当に助かりました……。

川崎のマンションの退去最終日に記念撮影。

その後、僕は2012年に「混合性不安抑うつ障害」と診断されて、障害者手帳3級を取得します。

混合性不安抑うつ障害は、物事に対する興味や意欲がなくなるうつ症状と、不安や恐怖を過剰に感じて緊張状態が続く不安障害の症状が混在している精神疾患です。

精神的に不安定になって、僕の場合は不眠や耳なり、激しい動悸、パニック発作などの症状が出ます。

そのうち、僕が働きに出ることもできなくなってローンも払えなくなったので、ついにマンションは売却するしかなくなりました。

何とか家族のための家は守ろうと頑張ってきたけど、もう限界だったのです。

ちょうどその頃、福島にいる僕の両親が2人とも体調を悪くしていました。親たちの介護もしなくてはいけないし、実家であれば家賃もかかりません。

そこで2016年、僕たちは家族で福島に移住することにしました。

それによって環境が大きく変わり、僕たち家族の状況も大きく変わっていくことになります。

第2章

翔君のこだわりと脱走癖で疲労困憊の日々

一瞬でいなくなる⁉ 翔君の脱走癖について

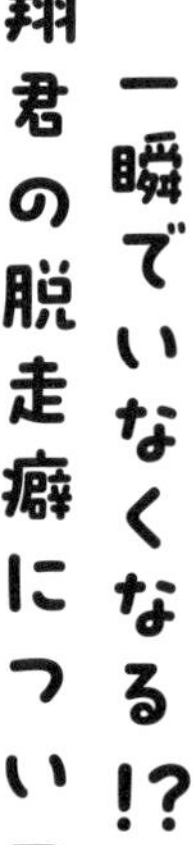

我が家の長男・翔君の話をします。

翔君は、重度知的障害を伴う自閉スペクトラム症です。翔君は小さな頃からこだわりが強くて、自分が気になるものがあると、どこへでも行ってしまいます。

翔君は発達が遅くて4歳頃から歩き始めたのですが、その頃から少しでも目を離すと、どこかへ行ってしまうようになりました。

さっきまでベビーカーに座っていたはずなのに、ふと見たらベビーカーしかない！ということとも。**ベルトを締め忘れたら、一瞬で消えてしまうんです！**

翔君の初めての大きな脱走（一時失踪）は、5歳のとき。

ある休日の朝、僕は時計の修理のために川崎駅前の大型家電量販店に翔君を連れて行きました。

ずっと翔君と手をつないでいたんですが、時計を見せて店員さんと話をしている最中にほんのわずかな時間だけ、手を離しました。そしてハッと振り向いたときには、翔君はもうその場からいなくなっていたのです。

30分ほど捜したけれど見つからないので、すぐ駅前の交番に連絡しました。

川崎駅のすぐ近くだから人は多いし、大きな幹線道路があって車もたくさん走っています。僕も心配でたまらず、周囲を走り回って捜したのですが、2、3時間経ってもまったく見つかりませんでした。

こんなに人混みの激しい街で5歳の子が一人でウロウロしているのかと思うと、寿命が縮まる思いでした。

それが、約5時間後の午後3時頃、警察から「見つかりました!」と連絡をいただいたのです。良かったとホッと胸を撫で下ろしたものの、見つかった場所を聞いてびっくりしました。

なんと磯子駅です。磯子駅前の交番で保護されたそうです。

磯子駅はJR京浜東北線で川崎駅から10個先の駅で、電車に乗ったら30分くらいかかります。

きっと改札では大人の後ろにくっついて入り、磯子駅はターミナルがあるので、電車が好きだった翔君は電車がいっぱい止まっている駅で降りたのだと思います。たぶんその改札でも大人にくっついて出たのでしょう。

僕が迎えに行くと、翔君はけろっとした顔で女性警官からもらったお菓子を食べていました。そして僕の顔を見ると「パパ来た!」と悪びれることもなく言うのです。**その姿を見たらホッとして、涙が止まりませんでした。**

川崎から磯子まで一人で移動した翔君には、ケガ一つありませんでした。

各駅に手配書を配る作戦で見事捕獲

その後も翔君はたびたび脱走しました。

次の大きな脱走は8歳のときで、自宅マンションからいなくなりました。

このマンションには5階の部屋それぞれに専用の屋上があります。ある日の朝8時頃に翔君が屋上に行ったのを確認して、しばらくしてから僕も屋上に行ったのですが、誰もいません。

屋上には120センチメートルくらいの高さの柵がありますが、その柵の下に子ども用の椅子だけが置いてありました。ギョッとしてマンションの下を見ましたが、落ちた様子はありません。

でも不思議なことに、家の中にもいないんです。当時の玄関には翔君が勝手に出られないように番号のプッシュ式の鍵を取り付けてあって、それをこじ開けたり壊したりした形跡もありませんでした。

すぐに警察に連絡して、僕も自転車で辺りを捜し回りました。

このときは警察犬が出動してくれて翔君の匂いを手がかりに捜してもらいましたけど、なかなか見つかりません。

時間だけが過ぎていきます。失踪から8時間経って、いよいよダメかと思った頃、

ドアの右上に脱走防止用プッシュ式の鍵を設置。かなり脱走は減りました。

翔君が警察官に連れられて帰ってきました。

話を聞いたところ、屋上の柵の向こう側には数十センチほどの足場があったのですが、どうやら翔君は柵を越えてその足場に降り、足場伝いにマンションの反対側まで行って、換気扇のダクトを伝って踊り場に降りて非常階段から外に出たのです。

普通は狭い足場やダクトを移動するのに恐怖を感じると思いますが、**翔君は恐怖を感じなかったんです……。**

そして、マンションから立ち去った翔君がどこにいたかというと、**川崎駅から京**

急大師線に乗って、一日中電車に乗りっぱなしだったそうです。

当時は電車が好きで、何かというと電車に乗りたがりました。

そして、その3日後にまた脱走です。

その日の僕は体調がひどく悪く、仕事から家に帰った後、横になっていました。すると妻がシャワーに入っている間に翔君が一人で出て行ってしまったのです。このときは割とすぐに鶴見駅で発見されました。

この後からは、翔君の顔写真と名前と特徴を書いた紙（まるで手配書のような）をつくって、京急大師線とJR東海道本線に京浜東北線、南武線の各駅の駅員室に貼ってもらうようにしました。

駅の構内や電車内で翔君を見たら、すぐに保護してもらうことにしたのです。

それまで、警察の方にもさんざん「この子には障害があるんでしょ？　お父さん、ちゃんと見ててくれないと困るよ！」と怒られました。

ただ、キッズ携帯やGPSのキーホルダーを買って持たせるなどいろいろ対策はしていたものの、いなくなるときに翔君はわざわざ持っていってはくれません。

だから、何とか考えた苦肉の策がこの手配書だったのです。

剥がれかけたワッペン。学校に行く翔君のこだわりのスタイル（一年中、この格好です）。

当時は電車に乗ることが多かったので、実際にこの手配書のおかげですぐに保護されたこともあります。さらに、当時の担任の先生の協力で、着る服すべてに名前・住所・電話番号をワッペンにして縫い付けました。

息子は走ることに取り憑かれていた!?

10歳のときには、川崎から品川まで行ってしまったことがあります。

その少し前に、デイサービスの方にレーシングカーが置いてある品川のディーラーさんへ連れて行ってもらったことがあったのですが、当時車のカタログに執着していて、**翔君は川崎から品川のその店を目指して、なんと走って行ったそうです。**

ちなみに、川崎駅から品川駅までは13キロ、地図アプリで見ると、大人が歩いて2時間42分かかります。

その距離を走って行った翔君。もう野性のカンとしか言いようがありません!

その後にも、デイサービスから抜け出して、走って品川方面まで行ってしまい、深夜23時に品川近辺の道端でうずくまっている翔君が発見され、品川の警察署までデイサービスの所長さんと迎えに行きました。

いつも走っている翔君をパパとママが自転車で追いかける……。すごく速くて、なかなか追いつけない！

この時期の翔君は走ることに取り憑かれているようなところがありました。

走るスピードもものすごく速くて、「とにかく走りたくてしょうがない！」という感じ。

翔君が失踪したときには「今日はなんで行っちゃったんだ?」と毎回聞くのですが、**翔君はよくニコニコしながら「行っちゃうんだよ！」と答えていました。**

走りたい、行きたいという衝動を

抑えられず、ただ身体が動いてしまうようです。

知的障害と関係しているのかどうかはわかりませんが、翔君にはそんなふうに衝動的な行動を抑えられずに突っ走って行ってしまうところがあります。

なんで行ってしまったのかと聞くと、キリッとした顔で「冒険だよ」って答えたこともありました。そうきっぱり言われたら、「そうか、冒険かぁ」って答えるしかありませんでした……（泣）。

厳しく叱るとパニックを助長する？

知的障害のある子の他の保護者はどうかわかりませんが、**僕は翔君がいなくなったときに怒ったことはありません。**

まず見つかって何事もなくてよかったという安心が先にくるということもありますが、ここで叱ったら、またやってしまうんじゃないかという不安が大きいのです。

「よかった、見つかった！　もうだめだよ、一人で行ったら。行くときはパパに言ってよ」と言うくらいです。

以前は、きつく叱った方がいいのかなと思っていたこともあります。

でも、翔君がコンビニで癇癪を起こして騒いだことがあって、この時だけ、私も感情を抑えきれず手をあげてしまい、さらに大変な事態になってしまいました。

翔君を怒鳴りつけても、お互いストレスのぶつかり合いのようになって、結果的には改善にはつながらないということを僕は長い時間をかけて学びました。

人一倍こだわりが強く、自分の気になるものを見つけると行ってしまう翔君。

そんな彼の脱走を防ぐ手段は、どこかに閉じ込めて外に出られないようにするしかありません。

でも、僕はやっぱりそんなことをしたくありません。子どもたちと一緒に暮らして、いつも笑顔を見ていたいのです。

ただ、2016年に福島に来てからは、翔君の脱走の回数もかなり減りました。

けれど、福島に来て脱走もなくなり、川崎の頃の不安から解放されたと思っていた矢先に自宅からいなくなったこともあります。

警察犬にも出動してもらって捜していたら、国道の30キロほど先のトンネルの中に体育座りでうずくまっている少年がいるという通報がありました。

そこで無事に保護できたのですが、それ以来、ある議員さんに協力していただいて、**「この子を見かけたら連絡をください」という翔君の顔写真入りのチラシをつくって、村の一軒一軒に配ってもらいました。**

このときの翔君は、やっぱり走りたかったのだそうです。

移住先の福島では車での移動が多く、あまり走る機会がありません。転校先の特別支援学校のグラウンドもそれほど広くなかったので、翔君の中に「走りたい」という欲求が起こり、遠くまで行ってしまったようです。

翔君は、周りの景色を見ながら走るのが**「めちゃくちゃ楽しかった!」**と言って満足そうな顔をしていました。

次に車でその道を通ったときには、「ここ走ったんだよ！　最高だったよ」と目をキラキラさせながら教えてくれた翔君。**悪気なんて一切ありません。**行きたくなっちゃうんだから、しょうがない。それが翔君の言い分です。

また、卒業した姫ちゃんの学校の先生が朝6時に電話をかけてきてくれたこともありました。

「車で早朝出勤してるんですけど、今、目の前に翔輝君がいるんです。どうします？　保護した方がいいですか？」

って。あのチラシを見ていてくれたんです！

それで保護をお願いしたら、翔君は先生の車に乗って帰ってきました。**このときは、家を出て5分で見つかる最短記録でした。**

その後は落ち着いていて、しばらく脱走することもなかったのですが、**移住8年目の2023年夏、親たちがほんの少し家を空けた合間にいなくなりました。**

妻は毎朝コンビニのカフェラテを欲しがるのですが、福島に来てから聴覚過敏になって家族4人で車に乗るのを嫌がるようになりました。

それで、その日は夫婦2人だけでコンビニへ行ってすぐ戻ってこようと考えていたのですが、その合間に翔君が脱走してしまったんです。

幸いなことに、近隣の方から僕の携帯に「翔君が1人で走って行ったぞ！」と教えてもらいました。

すぐに言われた方角へ向かうと、このときも翔君はすぐに見つかりました。見守ってくれていて、本当に助かりました！


このときは僕が車に乗って周辺を捜し、国道沿いを疾走している翔君を見つけたんですが、翔君、汗だくになりながら全速力で走っていました。

思わず、「すごい！　翔君めっちゃ速い!!」と、見とれてしまうほどのスピードでした。

走ることが大好きで、とても足が速い翔君。

こんなに速いなら、学校のマラソン大会に参加してみようかと思ったこともあるんですが、そのままコースを外れてどこへ走って行ってしまうかわからないという理由で、お断りされてしまいました。
……はい、ごもっともです。

変化する「こだわり」と突然の卒業

自閉症児には特定のものや行動に非常に強い愛着を持つ子がいて、それを取り上げたり、無理にやめさせたりしようとするとパニックになることもあります（自閉症でも、こだわりがない人もいます）。
翔君の場合は、小さな頃からいろいろとこだわりのものや執着するものがありました。**1歳頃から始まったのが「回るもの」です。**
例えばタイヤ。ミニカーを動かしては、ずっとタイヤを見つめ続けていました。
ミニカーも、おもちゃ売り場でみると必ず欲しがり、買わないと癇癪を起こします。

買わないときは抱っこしてその場をさっと立ち去るのですが、まあ、大きな声で叫んで大変でした。

そしてミニカーを買っても、翔君はタイヤにしか興味がないので、そのうち生え始めた歯を使ってタイヤを取ってしまうようになりました。

休日にタイヤで遊ぶ翔君。

ふと気がつくと、**翔君がタイヤと、タイヤに付いた針金を口の中に入れているんです。**これは僕にとって、ものすごい恐怖でした！

それに、興味は自転車に車にと全般におよび、走っている車のタイヤに向かって突進した時はもうダメかと思ったこともありました……。

次に翔君のこだわりの対象になったのが、**換気扇と扇風機の「羽根」**です。これも回るものです。

翔君は家電量販店の扇風機がたくさん並んでいるところで、じっと眺めているのが好きでした。**それをやめさせると癇癪（かんしゃく）を起こします。**

だから翔君が納得するまで、ただそれをじっと見ています。30分以上、見続けていることもありました。

この羽根が脱走の原因になったこともあります。

翔君はスクールバスに乗っているときにずっと窓の外を見ていたのですが、扇風機や換気扇がごみ捨て場に捨ててあったり、道端に不法投棄してあったりしました。それを見て欲しくなってしまって、その場所に行くためにいなくなってしまうのです。

以前、警察に保護されて、パトカーに乗って帰ってきた翔君の手には、しっかり換気扇が握られていました。翔君のドヤ顔、忘れられません……。

そして家に持って帰った扇風機や換気扇は、自分でドライバーを使って羽根を取り外そうとします。5、6歳の頃からそれをやろうとして危なかったので、**家の中のドライバーを隠しておかないといけませんでした。**

そうやって取った羽根は、翔君の部屋に飾ってありました。天井からぶら下げたり、壁に貼っていたりと、きれいなオブジェのようでした。

捨てる前に、コレクションの羽根と最後の記念撮影。

でも、翔君はある日いきなり部屋中の羽根をまとめてゴミに出したんです。そして**「俺は羽根、やめるよ」と、いきなりの卒業宣言。**

あれだけ執着していたのに、やめるときはこんなにあっさりしているのかとびっくりしました。

しかし扇風機は未だに好きで毎年洗ってくれて、外したたくさんのタイヤは大切に保管してあります。

翔君のこだわりであり、生きがいである自動ドア

その次のこだわりが、自動ドアとユキちゃんとiPhoneです。
ドアへのこだわりが始まったのは、中学に入ってからでした。
放課後に行っていた川崎のデイサービスで、翔君がドアの前の椅子に座って人が来るたびにドアを開けていたら、皆から「ありがとう」と言われたそうです。翔君には、それがすごく嬉しかったんです。
それで、デイサービスに行くと必ずドア前に待機して、「俺はドアマンだ」と言うようになりました（自動ドアになりきっているんです！）。

そして、そのドアマンを他の場所でもやりたがるようになりました。

川崎の特別支援学校では、自動ドアの電源を切って手動で動かしたいと言ったそうです。最初はやっぱりダメと言われたのですが、**そうすると翔君はロッカーの中やトイレの中に閉じこもってしまいました。**

仕方なく学校でもやらせてくれるようになったのですが、今度は自動ドアをやり始めると止まらなくなって、**無理にやめさせるとパニックに……。**

そこで先生たちは手動で動かせる時計をつくって、「この課題を10分やったら、10分自動ドアができるよ」と言って、翔君に数の読み方や時計の見方について教えてくれるなど、いろいろな対策を考えてくれました。

福島県の支援学校でも同じ対応をしてもらいました。

ただ、このこだわりが始まってからは、家族で外出するときも大変です。

翔君は外出先で自動ドアを見かけるたびにそこで立ち止まってしまい、まったく動かなくなるのです。そして自動ドアをじっと見続けています。

30分ぐらい動かないときもあって、待たされている家族もイライラしてきます。

そのうち、翔君はiPhoneで自動ドアの動画を撮影するようになりました。でも、それも人通りの多い場所では迷惑になります。「ここはだめだよ」と注意しても、翔君はそれを聞いてくれないので、もう大変。

なんとか人の少ない場所を探して、他の人が映り込まないようにしながら撮影していました。

友だちである猫のぬいぐるみ「ユキちゃん」の誕生

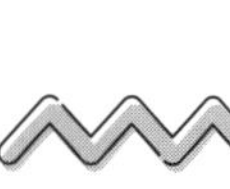

翔君はこだわりが強く、まさにこだわりの世界を中心に生きていると思うことがあります。**こだわりは、単なる「好き」とは違うのです。**

例えば翔君は、ぶあつい本やチラシをまとめたものをペラペラめくるのが好きでお店に行くと置いてあるチラシを大量に持ってきたりもしますが、そういうのは「だめだよ」と言われるとすぐにやめられるのです。

でも、自動ドアはやめられません。**こだわりに「だめ」は利かないんです。**

そして、翔君ワールドの中でも大きな存在が「ユキちゃん」です。

もともとは、姫ちゃんが妻の母にもらったディズニーキャラクターのぬいぐるみです。ディズニー映画『おしゃれキャット』に出てくる白猫「マリーちゃん」のぬいぐるみを姫ちゃんが翔君にあげたところ、それを大事にするようになりました。

そこから翔君は白い猫にハマり始めて、白い猫が出てくるお話を好むようになります。中でも気に入ったのが、学校で見たジブリの『猫の恩返し』の絵本に出てくる白猫のユキちゃん。

学校で映画も観て、ユキちゃんが大好きになった翔君は、家に帰ってくるとマリーちゃんのぬいぐるみに付いていたリボンをすべて取ってしまいました。

そして、「パパ、これはユキちゃんだ！」と嬉しそうに報告してくれました。

こうして誕生したユキちゃんを、翔君はいつも肌身離さず持っています。

家にいるときも、学校に行くときも、どこかに外出するときも一緒（普通は学校にぬいぐるみを持って行くのは禁止ですが、翔君があまりにもユキちゃんに執着しているので、特別に許してもらいました）。

車に乗ったらユキちゃんに窓から景色を見せて、花火を見に行ったときにはユキちゃんと一緒に花火を見ています。トイレやお風呂に入るときは、ちゃんと外に置いて待たせています。寝るときはユキちゃんと会話しながら寝ています。

こんなにずっと持っていると、生地がこすれて穴が開いてしまいます。

それを僕が修繕してほつれを直しています。ありがたいことに、学校の先生が修繕してくれたこともありました。

それでも年数が経つと、修繕の跡が増えて中の綿もへたってきてボロボロになってしまったので、２代目のユキちゃんに交代しました。

実は翔君、**「2013年製のマリーちゃんじゃないとダメ」っていう強いこだわりがあるんです。**

一度、きっとバレないだろうと思って違うバージョンのマリーちゃんを渡した時は、秒でバレてボロボロに破壊されてしまいました。悲しかった……。

ありがたいことに、YouTubeの翔君ファンの方がいろいろなところから探してくださり、何体もプレゼントしてくれたこともありました。これは本当に助かりました！

ユキちゃんパワーで偏食も克服できた！

翔君の「ユキちゃん世界」はどんどん広がっています。

iPhoneに入っている「マイ・トーキング・アンジェラ」というゲームアプリがあるんですが、そこに出てくる白猫のアンジェラも翔君の中ではユキちゃんの仲間です。

今、翔君世界ではその仲間たちがサーカスを開催していて、サーカスには猫のお客さんがいっぱいやって来るから、清掃員でドアマンの翔君は「しばらく大忙しになる」のだそうです。

翔君はそういう話をよく僕にしてくれます。

「すごいじゃないか。翔輝、大役だな！」と僕がそれに乗って話をすると、翔君はすごく嬉しそうに、もっといろいろなことを話してくれるんです。

息子の頭の中でつくり上げた世界がちゃんとあるのです。

それはかなり独特な世界観ですが、本人はとても楽しそうです。

だから僕はその世界を打ち消したり否定したりすることなく、「そうか」「それはいいなぁ」と聞くのが自分の役目だと思っています。

そして、このユキちゃんは、翔君にとってはいろいろな役目を果たしています。翔君の友だちでもあり、家族でもあり、翔君自身の分身でもあるのです。

そして、ユキちゃんがいることで、翔君が変わったこともたくさんあります。

まず学校の給食です。

翔君は偏食が激しくて、学校の給食でも好き嫌いをして食べないものがたくさんあったのですが、**このユキちゃんの力でほとんど食べられるようになりました。**

翔君は給食のとき、ユキちゃんを自分の顔に向けて、高い声で「翔輝、野菜も頑張って食べるんだよ」と言います。ユキちゃんになり切って自分に言い聞かせているのです。すると不思議なことに、嫌いなものも食べられるようになりました。

まさにユキちゃんパワーです！

先生も「お父さん、翔輝君ずっと完食ですよ。あのユキちゃんのおかげで！」と驚いていました。

翔君が給食で何を食べたか知りたいので、先生に給食の一覧表に赤丸をつけてもらったのですが、**その赤丸がどんどん増えてインゲン以外はすべて完食できるようになった**のです（なぜか家ではユキちゃんが一緒でも食べられないものがあります）。

今では、僕もいろいろなときにユキちゃんの力を借りています。

ユキちゃんと翔君。しっかりカメラ目線で。

例えば、翔君が固まってしまったけど、その理由がよくわからないとき、僕も甲高い声でユキちゃんに話しかけてみるのです。

「ユキちゃん、翔輝君はなんでこんなになってるのかな？ユキちゃん、翔輝君と話し合って、後でパパに教えてくれるかな？」

すると、翔君がユキちゃんの声で、その理由を教えてくれることがあります。

翔君に何かしてほしいときも、**ユキちゃん経由で「ユキちゃんお願い、翔輝君に〇〇してって言ってくれないかな？」と頼むと、結構うまくいくこともあります。**

先日は、翔君が3週間ひげを剃らなかったので、ユキちゃんに聞いてみました。

「どうして翔輝君はひげを剃らないのかな？　ユキちゃん、ちょっと剃るように言ってくれるかな」

すると2日後、「パパ、ひげ剃ったよ」というユキちゃんの声（注・翔君の吹き替え）がして、振り返ると翔君がさっぱりした顔で立っていました。

ユキちゃんパワー、絶大です！

翔君に直接言っても聞かないけれど、ユキちゃんに話せば言うことを聞いてくれることがあるんです。その方が、翔君も乗りやすいのかもしれません。

iPhoneの修理回数は年に14回以上!?

翔君のiPhoneへのこだわりも尋常じゃありません。

翔君には、中学時代からiPhoneを持たせました。

小学生の頃からずっとほしがっていて、iPhoneのパンフレットから切り抜いて段ボールに貼ったお手製iPhoneをつくっていた翔君。

そんなに好きならずっと身につけているだろうから、脱走したときにもGPSで捜し出せるんじゃないかと思ったのです。

実際は肝心の脱走時に持っていかず、結局役に立っていません（泣）。

そんなiPhoneへの執着も強くて、液晶画面に少しでも傷が付くと翔君は固まってしまいます。そして修理に出してくれと言います。

でも僕が見ると、「え、どこ？ 傷付いてないじゃん」となるほどのごくわずかな傷です。

「ここ」って言われて見ても、傷とは言えないくらいのかすかなもの。

それなら液晶画面にフィルムを貼ればいいと思うんですが、翔君はフィルムの中に少しでも空気やゴミが入ると、気になって必死で取ろうとします。

すると、取ろうとして付いた指紋がまた気になってしまう。

一日中そんな感じになるので、疲れてしまうんだそうです。**「フィルムを貼ると、俺はもう疲れちゃうんだよ」**と言っていました。

結局フィルムも貼らず、液晶のわずかな傷で固まってしまうようになりました。**それが、年に14〜15回……もう笑いごとじゃありません！**

最初は僕もそんな翔君と戦っていました。修理に出すにもお金や手間がかかるので「そんな小さな傷わかんないよ。修理しなくていいんじゃない」と言って。するとは翔君は暴れ回るのではなくて、固まってしまって動かなくなってしまうんです！

外出先で固まってその場に座り込んでしまうこともありましたし、**ひどいときには一日中動かなくなって、ご飯も食べなくなります。**

親としては、子どもが暴れ回るのも大変ですが、固まって動かなくなり、何もしようとしないのもかなり困りました。

こだわりに融通は利かない！

やはり、こだわりは単なる「好き」とは違うのです。いくらだめだと言っても、通用しません。

今はインターネットなどで自閉症や知的障害についての情報もたくさんありますが、こういうこだわりや特性は十人十色で、みんなそれぞれに違います。

だから、情報があってもわからないことってたくさんあるのです。その子と長年向き合っていく中で、「こうすればいける」「これはどうにもならない」という経験を一つひとつ積み重ねていくしかないと思っています。

僕がそのことを理解するまでには14年くらいかかりました。翔君が中学生になった頃、僕もようやく翔君のこだわりを受け入れて、なるべく全力でサポートしようという考えに変わってきました。例えば、

- 自動ドア関連に協力する
- iPhoneのちょっとした傷でも、嫌な顔をしないで修理に出す
- ユキちゃんがほつれたら縫ってあげる
- 翔君世界の出来事に関心を持つ

こんなふうに、僕は子どものこだわりと一緒に生きています。

パニックで固まると一日中動かないことも

翔君がパニックになる原因は、ほとんどがこだわりに関することです。iPohneを修理しないとか、自動ドアになりきる撮影をとめればパニックです。そうならないように普段からこだわりを理解して全力サポートをしているわけです。

とはいえ、パニックを100パーセント防げるわけではなく、翔君は時々原因がわからないまま固まっていることもあります。

そんなときにどうするかというと、残りの家族3人で、全力で笑わせるんです。

固まっているときの翔君は身体に力を入れてギュッと目をつぶっているので、僕は一生懸命ユキちゃんのふりをして話しかけます。

「翔輝、どうしたの？　ユキちゃんだよ。なんで固まっちゃったのかな？」

こういう言葉をミッキーマウスみたいな声で話しかけてみたり、亡くなったじいちゃんやばあちゃんのもの真似をしてみたり。

その横で、妻と姫ちゃんはスマホで翔君が笑いそうな動画の音や声を鳴らしています。オナラの「ブブッ」という音や、じいちゃんが生きていた頃に「おい翔輝、起きろ、コラ」とか言っている動画を再生したり。

翔君の笑いそうな音声や安心しそうな音声を3人で探して、届け続けます。

するとﾠ、翔君の全身がギュッと硬直していたのが、だんだんゆるくなってきます。そこで、翔君に笑いかけながら体をさすったり肩を叩いたりしながらリラックスさせて、少しずつ元に戻していくのです。

翔君がクスッとでも笑ったら「よし！」っていう感じです。**翔君が完全に戻るまでに、早くて1時間。もっとかかるときも多いです。**

でも、何をやっても、何時間やってもだめなこともあります。

僕たちの笑いが全然通用しないときもあって、**しつこくやるとむしろストレスになるので、そういうときは途中で諦めます。**翔君が籠っている部屋にちょこちょこ様子は見に行きますが、こうなると、もうゆっくり見守るしかありません。

例えば、翔君が特別支援学校の高等部3年のときには、教頭先生が替わったことで、それまでOKだった自動ドアの開閉を禁じられてしまいました。

ドアをいじるのは一切だめと言われて、翔君はしばらくの間、不登校になってしまったのです。

家でもずっと固まっていて、ご飯も食べようとしません。

途中からは何とか1日1食を少しだけ食べてくれましたが、それでも痩せ細ってしまい、体重が39キロまで落ちて、さすがに心配になりました。

翔君にとっては、人間の三大欲求の一つである食欲よりも、こだわりの方がずっと大事なのです。

翔君のその姿を見て、普通の考え方では通用しないことを思い知りました。

結局、僕が学校に何度か話し合いに行き、「翔輝君が学校に来てくれるなら、何とか協力します」と言ってもらえるようになって、学校でも自動ドアの開け閉めができるようになりました。

でも翔君は、先生たちから一度厳しくだめと言われたことを後々も引きずってしまって、学校に行けなくなってしまいました。

そこで「今日は給食だけ食べに行こう」などと言って、お昼前に行って給食後に帰ってくるという日々を2週間ほど続け、その後は断続的に通う生活になりました。

自閉症児を育てる環境と親の考え方

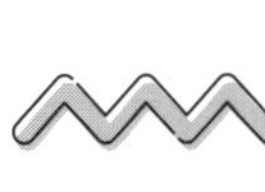

翔君のこだわりと付き合い始めてから、二十数年。

親によっては、知的障害を持つ子を自立させるために厳しくルールを教えたり、してはいけないことをきっちりと決めたりする方もいます。それぞれの親の考え方があると思いますが、翔君にはそういうルールが通用しません。

僕のやり方を見て「甘やかし過ぎ」と思われる方もいるかもしれませんが、**翔君のこだわりを受け入れることは、僕自身を守るためでもあるのです。**

自分自身も心療内科に通っていて今も薬が必要な身なので、戦ってお互いに意地を張り合うと、さらに辛くなってしまうからです。

本音を言えば、僕も翔君から「iPhone」や「修理」などという言葉が出てくるたびに「またか」という思いが込み上げてきます。

「えぇー！　こないだ修理したばっかりじゃないか～」
「もういい加減にして！」

とイラッとすることもあります……。でも、そこで翔君のこだわりを阻止してこちらの思い通りにしようとしても、結局、翔君はパニックになって固まってしまうだけ。

翔君の場合、パニックになる理由はシンプルなので（iPhoneを修理してほしい、ユキちゃんを直してほしいなど）、**周囲の人（特に僕）がそれを理解して、受け入れてあげればコントロールはできます。**

ただ、それをやる人にはそれなりの忍耐が必要になるのです。

もう修行みたいなものですけど、僕なりの翔君との距離感や洞察力を得て、少しは僕も楽になってきました。

また翔君も成長して、以前よりはかなり落ち着いてきています。

2023年夏には、妻が再びODで入院して体調を崩していたので、翔君にそのことを話したら、夜中に大きな音を立ててドアの開け閉めをするのをやめるようになるなど、**翔君が遠慮するようになっていて驚きました。**

そういえば、よく視聴者さんからいただくコメントには、我が家の兄妹を見て「2人とも落ち着いていて、うらやましい」というのがあります。

ただ、たいていそうおっしゃる方のお子さんはまだ小さな子どもです。

知的障害で、自閉症で、毎日癇癪やパニックを起こして、一つの場所に落ち着いていられない……いやいや、うちの翔君だって小さな頃はそうでした。

もちろん個人差や症状の違いがあるので断言できませんけど、**知的障害を持つ子どもでも年齢とともに成長していく子は多い**と思います。

翔君もパニックを起こしていて脱走癖もすごかったけれど、**10代後半から落ち着いてきました。**

ただし、僕は親の考え方と環境によって子どもも変わってくると思っています。

いつも厳しく叱り付けていたり抑え付けたりしていると、**親も子もストレスが爆発状態になってしまって精神的に参ってしまいます。**暴力や虐待はもってのほか。その結果、子どもが二次障害や、親が精神疾患になってしまうこともあります。無理に何かをさせることが、結果的にその子どものためになるのかと、僕は疑問に思ってしまうのです。

場合によっては厳しさも必要ですが、家庭は子どもが幸せな場所であり、安心できる環境であることが大切だと思います。

もちろん僕は専門家ではないので偉そうなことは言えませんし、いろいろな考え方があると思います。

でも、障害を持つ子どもを育てる上では、保護者の考え方や環境というのは健常者を育てる以上に重要になってくるんじゃないかと思っています。

最近では、好みのもの限定ですが、iPhoneにカバーを着けてくれるようになりました。これは僕を思っての成長かもしれません。

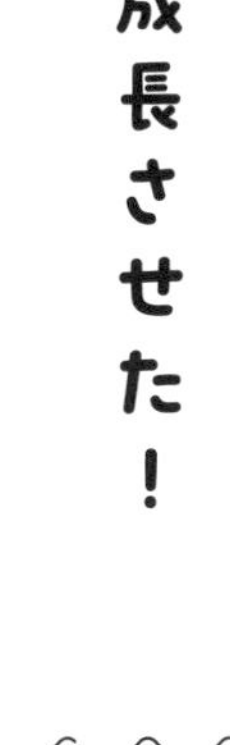

環境の変化が翔君を成長させた！

環境という意味では、川崎から福島に移住したことは、翔君が精神的に成長するきっかけになったと思っています。

川崎にいた頃は、タイヤや電車、ドア、信号、駅、バスターミナルなど、翔君がつい気になってしまうものが常に目に入る環境でした。

でも、こちらに来てから、周りは緑、緑、緑……、もう大自然だらけです。バスやタクシー、電車などもほとんど見ないので、翔君がついていって脱走することもなくなりました。村や近隣地域には駅もバスターミナルもありません。

気になるものが日常的に目に入らなくなったことで、翔君の脱走はほとんどなくなりました。

人や車、道路など刺激の多い都会から、緑に囲まれた静かな地方へ移ったことで翔君の気持ちが落ち着いた面もあるかもしれません。

また、翔君は独り言が多くて、よく大きな声でしゃべっているので、川崎時代は「翔君、もっと声を小さく」と注意していましたが、ここでは一軒一軒が遠いので、子どもたちが多少荒れても騒いでも近所迷惑になりません。

福島の実家は川崎のマンションより広いので、**自分の部屋ができたことも嬉しかったようです。**

そういう意味では、こだわりの強い自閉症の子どもを育てるには最適な場所だと言えるかもしれません。

翔君は、福島に来てから庭の草刈りを自分から手伝ってくれるようになりました。**僕は翔君がやってみたいと言ってきた場合は、安全確保ができて、やれると思えば何でも教えています。**

今では車の洗車も上手になりました。翔君はいったんやる気のスイッチが入ると、4、5時間は平気で洗います。

そして終わった後で「見てくれ、ここもやったぞ」「中もきれいにしたぞ」と誇らしげに説明してくれるのです。

時々、その報告が少々長いことがあって、僕が上の空になっているのを敏感に察すると、「聞いてんのかよ」と突っ込まれてしまいます（笑）。

草刈り５年目。もうベテランです！

翔君の「聞いてくれ」アピールは、意外と積極的なのです……。

２０２０年に特別支援学校の高等部を卒業した翔君は、作業所（就労継続支援事業所）に通所するようになりました。

最初の半年ほどは高校時代の不登校を引きずって、行けたり行けなかったりが続いていたのですが、2022年に僕の父が亡くなりました。

その際、じいちゃんの年金がなくなるから、これから生活が少し大変になるかもしれないという話をしたら、翔君がこう言ったのです。


「俺が毎日作業所に行って、お金を稼いでパパにあげるよ！」


そして、それまでは作業所は週に一度だけ金曜日に行っていましたが、毎日通うように。**翔君なりに家族のことを考えてくれているんだと嬉しくなりました。**

これも翔君の成長です。


そんな翔君、作業所では本来ない作業ですが、作業所の計らいで大好きな自動ドアを中心にガラスをピカピカに拭く仕事をしているそうです。

さらに自動ドアになりきるのが好きな翔君用に、自動ドアの設計図や画像などを駆使して新しい作業を考案して、窓拭き以外も行えるようにしてもらい、作業の幅も増えてきています。

翔君や僕たちを理解してくれている唯一の場所であり、翔君が輝ける場所でもあります。

特に所長さんは熱い方で、僕が病んで悩んでいる時には活を入れてもらったり、いろんな問題にもすぐに対処してくれたり。

その行動力にはとても感謝しています。

第3章

姫ちゃんが受けた「いじめ」と「進学問題」

姫ちゃんが受けた「いじめ」

長女の姫ちゃん（姫歌）は2006年生まれの17歳です。小学校4年生のとき、川崎から福島に引っ越しましたが、それまでは川崎で普通の小学校に通っていて、友だちと会話もできて遊べていました。

それが、転校した先の小学校でいじめを受けることになります。

男子に背中を殴られてアザができたり、姫ちゃんがグレーの服しか着ないことをからかわれたりしました。

僕がそのことを担任の先生に相談すると、先生は殴った子と姫ちゃんを対面させて、殴った子に「ごめんなさい」と謝罪させました。

でも、それで終わりでした。

先生はその子たちの親にも何も言わないし、「小学生の男の子なんだから、多少乱暴なのはしょうがない」と言って。

結局、何も変わらないままでした。

また、他のある生徒は、給食を食べるのが遅い姫ちゃんに向かって「給食食べるの遅い子って、私大っ嫌い！」と皆に聞こえるように言ったり、女の子がいじめられている絵を描いて姫ちゃんに見せながら「これは私が誰かをいじめてるところ」と言って笑ったり。

また、姫ちゃんはお風呂やシャワーが苦手で、2、3日髪を洗わないこともありました。すると髪もペタッと脂っぽくなってしまうため、クラスメイトから「臭い」「汚い」と責められるようになりました。

姫ちゃんは学校の授業にもついていけませんでした。九九も何度やっても覚えられないし、テストでもずっと0点ばかりでした。宿題もいつも忘れていました（当時、僕には宿題を隠していました）。

それで小学4年生のときに知能検査を受けると、**IQ69の「軽度知的障害」という診断が出ます。**

ただし、学校の都合ですぐに支援学級に移ることができず、5年生まで普通学級のままでした。やはり勉強にはついていけず、授業中はただ席に座っているだけの状態です。

ただ、5年生の時は先生の指導もあって助けてくれる生徒も少しいました。特にある上級生は宿題ができない姫ちゃんを心配してくれて、授業が終わった後にマンツーマンで教えてくれました。

姫ちゃんは、この時期ようやく学校に馴染め始めた感じで、普通学級のクラスで仲良くしてくれる生徒もいました。足が速いと褒められて、楽しかったこともたくさんありました。

6年生になると、姫ちゃんはようやく支援学級に移ることができて、仲のいい友だちもできました。

ただ、その友だちと一緒にいると、5年生の時に仲の良かった普通学級の生徒から「何でその子と一緒にいるの？　嫌だって言ってもいいんだよ」と姫ちゃんの気持ちとは真逆な要求をされたそうです。支援学級の生徒が好きな姫ちゃんが支援学級の生徒と一緒にいることを選択すると、普通学級の生徒は離れていきました。

姫ちゃんはもともと、人前で発表するときに声が小さかったり、挨拶の声が小さかったり、日直のときに緊張して固まってしまったりすることがありました。前に立つと、何を言っていいのかわからなくなって黙ってしまいます。すると、周りから諦めのため息や視線を感じてしまって、辛かったそうです。

「都会の子は冷たいから」と言われて

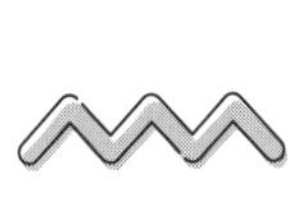

また、当時はよそから移ってきた僕たち家族が地域に馴染めていないという問題もありました。特に姫ちゃんの学校の普通学級では、こども園の時代からみんなずっと同じクラスでしたから、どうしてもよそから来た子は浮いてしまいます。

特に、この地域では、都会から来た子はいじめられやすい傾向があったようです。

川崎時代は知らない子ともすぐに友だちになれて、優しく笑いが好きで明るかった姫ちゃん。

その後に進学した中学でも、この傾向は変わりませんでした。

東京から来た他の男の子も、地元の子たちからいじめられて引きこもりになり、ずっとうつ症状が出ていたそうです。

モヤモヤが確信に変わりました。

川崎では誰も出身地なんて気にしなかったけれど、ここでは何をしてもいちいち都会と言われてしまうのです。

これは福島県全体がそうだというわけではなく、**たまたまその時期に、僕たちの住む土地にそういう**

傾向があったということだと思います。

転校して間もなく、ある方から**「都会の子は冷たいから。ここはみんな優しいから大丈夫」**と言われたことも。

都会から来た僕たちに面と向かってそんなことを言うのかとびっくりしました。しかも、僕たちにはずっと無関心で冷たい雰囲気を取っていたのに。

でも、姫ちゃんが6年生になると、支援学級で姫ちゃんと仲良くなったある親御さんがよく話をしてくれて、僕も救われました。

また、転校から2年くらい経って、ようやく僕にPTAのお誘いがかかりました。「ああ、やっとか」です。それまでは学校や地域との関わりを諦めかけていた僕でしたが、そこから関わりが少しだけ増えました。

僕の印象では、地域というより、普通学級が特殊だったのかもしれません。

ちなみに、当時の校長先生は来たばかりの僕の話をよく聞いてくれていたので、まだ救われていました。

いじめが原因で、できなくなったこと

中学になると、姫ちゃんは普通学校の支援学級に進学しましたが、小学校とは環境が一変しました。

普通学級と支援学級に大きな壁ができ、部活動が学校活動の中心に。でも、文化部は特に何をやるでもなく、運動部に入れない生徒の集まりという感じで、**文化部に入部した姫ちゃんは普通学級の生徒と関わりがなくなっていきました。**

それでも、時々は普通学級と支援学級が行事や活動を一緒に行うこともあります。そんな時には、普通学級の生徒からの睨みや威圧行為、無視がありました。

また、やっと関わりが増えたのに、保護者との関係も逆戻りに。全体行事に僕が行くと親子で孤立していました。**辛かったのは、姫ちゃんが周りから避けられていることがわかってしまうことです。**

中でも姫ちゃんが辛かったのが、中学1年の10月の文化祭でした。

文化祭では支援学級と普通学級の垣根なく班をつくり、出し物を用意します。そういうとき、姫ちゃんは誰かに指示をされなければ何をしたらいいかがわからないのですが、普通学級の生徒たちは完全に無視。3、4時間も誰一人声をかけてくれないまま、ずっと立ちっ放しだったそうです。

一緒にいた生徒たちは、そんな姫ちゃんを知っていながら、そのままでした。

それが何日も続きました。

やっぱり学校の指導にも問題があったんじゃないかと僕は思っています。

文化祭では合唱もあったのですが、普通学級の生徒たちは姫ちゃんの声が小さいことをわかっているのにソプラノを担当させて、姫ちゃんの声が出ないと、すごい目で睨まれたそうです。

それから、小学校では楽しかった支援学級でしたが、中学では物を取られる嫌がらせや、しつこく筆箱で頭を叩かれるなどのいじめを受けて我慢の日々が続きました。

そうして迎えた文化祭当日の朝、姫ちゃんは、完全に動けなくなりました。

「どうしたの？　今日は文化祭でしょ？」と声をかけると、姫ちゃんは辛そうな声で「学校、行きたくない」「怖い」と言って震えています。

その顔を見たとき、「本当に辛いんだな、これは無理だ」と思いました。

姫ちゃんはその日から学校を欠席し始め、そのまま登校拒否になりました。僕も学校に電話して「もう娘は学校に行きません。このまま不登校です」と宣言します。

どうして僕がそんな宣言をしたのかというと、**当時の姫ちゃんが一切、絵を描かなくなってしまった**からです。

姫ちゃんは小さな頃から絵を描くのが大好きで、幼少期も他の子の何倍も塗り絵を塗って、自分で絵もよく描いていました。

小学3年生くらいの頃には姫ちゃんに絵の才能があることを確信し、僕は姫ちゃんがたくさん絵を描けるように応援していました。姫ちゃんも、川崎時代はよく友だちと遊んでいたので絵を描く時間は多くありませんでしたが、福島に来てからはよく描いていました。

そんなに好きだった絵を一切描かなくなるなんて、よほど強いショックやストレスがあったに違いありません。

姫ちゃんの絵がうまいことを知る生徒からは、睨みや威圧を受け、絵に恐怖感を抱いてしまったのです。

少し前から、どうして最近絵を描かないのかと不思議に思っていたのですが、文化祭の日の姫ちゃんを見て、これはいじめのせいだとすぐにわかりました。それで、もう限界だろうと判断したのです。

学校に、姫歌の絵を奪われてたまるか！　僕はそう強く思いました。

期待を胸に進学した中学校でしたが、あまりに辛く厳しい場所でした。

娘に「乗り越えろ！」「我慢しろ」と言う判断はしませんでした。

スクールカウンセラーのカウンセリングも受けましたが、話を聞いてくれるだけで解決にはなりません。

その後、学校は支援学級のいじめを認めて、保護者会も実施されました。

福島に来た頃の姫ちゃん。学校生活で一変しましたが、家では変わらず面白い子でした。

でも、いじめを認めたのは支援学級のみで、普通学級の問題には、学校は一切触れません。僕はそれを追及するより、学校から離れることを優先しました。

登校拒否になってからの姫ちゃんは、家から出られなくなりました。

学校の生徒たちと絶対に会いたくないからです。いじめてきた子だけでなく、学校の制服やジャージを見るのも怖いと言って、家から一歩も出られなくなりました。制服やジャージなども捨てました。

3ヶ月ほど経つ頃には、ようやく車で遠くには行けるようになりましたが、近場のコンビニなどへはやはり恐怖感が強く、何年も行けないままでした。

その後、中1の間は普通学校に籍を置いたまま不登校を続け、中2からは特別支援学校に転校することにしました。

娘の「特技」だけは守りたい！

中学時代の不登校の時期は見守る僕も辛い時期でしたが、姫ちゃん本人にとっては本当に辛い時期だったと思います。

姫ちゃんはこの小学校高学年から中学校にかけてのいじめについては、**数年経った今でもずっと引きずっています。**苦しそうに、いじめてきた子の言葉や顔、声は今もずっと覚えている、絶対に一生忘れない、と話していたこともあります。

僕も初めのうちはそっとしておきましたが、やはり毎日暗い顔をして塞ぎ込んでいる娘のことが心配でたまりません。

そこで、僕は姫ちゃんを応援するために絵を描き始めました。「初心者の父に描き方を教える」ことを通して、まずは絵を描く楽しさを思い出してほしかったのです。

また、その年のクリスマスには本格的な色鉛筆をプレゼントしました。そして、僕は姫ちゃんにいろいろな言葉をかけ続けました。

「いじめた奴らを絵で見返してやろうよ！」

僕がそう言うと、姫ちゃんは何も言わずに聞いていました。それでも、少しずつ気持ちが上向きになってきたようです。しばらくすると、絵に自分の気持ちを込めるように、姫ちゃんは再び描き始めたんです。

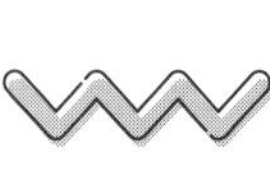

いじめとYouTubeで上達したイラスト

そして、登校拒否をし始めてから4ヶ月目の2020年2月。姫ちゃんが1枚の絵を僕のところに持ってきたのです。姫ちゃんは絵に集中したいので、いつも机の周りを布で覆っています。

だから、しばらく夢中で描いていることは知っていましたが、何を描いているかはわかりませんでした。

それは、姫ちゃんがアニメ『進撃の巨人』のリヴァイ兵長を描いたイラストでした。それが見たことないほど高い完成度で、僕は目を見張りました。

中学2年生の時に姫ちゃんが描いた翔君。

感動した僕がそのイラストをTikTokにアップすると、55万回視聴されるなどものすごい反響がありました。

そしてTikTokでも僕と同じよう

に「すごい！」「うますぎる」「天才！」など、大絶賛の声をたくさんいただいたのです。

そんな声を姫ちゃんに伝えると姫ちゃんは照れ臭そうに笑っていましたが、**視聴者さんからの声は姫ちゃんの大きな自信につながったようです。**

嬉しいことに、この後の姫ちゃんは再びイラストに夢中になっていきます。

3月の最終週、中学1年生の最終登校日になりました。姫ちゃんはもう半年近く、この学校へは近づいていません。

この日、机やロッカーに置いていた荷物を受け取るために、姫ちゃんと僕は2人で学校に向かいました。

そこで職員室に行った際、姫ちゃんの描いたリヴァイ兵長を先生たちに見せたのです。すると先生たちからも「すごい」と一斉に感嘆の声が上がりました。

それを聞いて、姫ちゃんは恥ずかしそうに笑っていました。**姫ちゃんが学校で久しぶりに見せた笑顔です。**

僕はそんな姫ちゃんを見て安心すると同時に、誇らしい気持ちになりました。

福島に移って来て、地域や学校に馴染めず、辛い思いや悔しい思いをたくさんしてきた姫ちゃん。でもこのリヴァイ兵長は、いじめられて不登校になったからこそ描けたイラストだったのかもしれません。

ずっと家にいたことでイラストを描く時間も多くなり、絵の上手な人のYouTubeチャンネルを見て学ぶ時間もたくさんとれました。

映像を見ながらいろいろな描き方や技法を覚えて自分なりに猛練習したことで、短期間で急激にイラストが上達したのだと思います。

また、学校生活がなくなったことで、イラストへの集中力が一気に増したのかもしれません。

ストレスとショックから場面緘黙に

その後、姫ちゃんは中学2年生から特別支援学校へ転校したことで、また学校へも

通えるようになりました。とはいっても、以前の姫ちゃんがそのまま戻ってきたわけではありません。いじめと不登校で、姫ちゃんは以前とは変わっていました。

まず、外で笑顔がなくなっていました。

それから手を上げられなくなって「バイバイ」できなくなりました。先生や生徒が手を振ってくれても、なぜか姫ちゃんの手は固まってしまって動かないんです。

また、家以外の場所では声が出せなくなりました。

このため、姫ちゃんは「バイバイ」や「こんにちは」など、他人に対する反応を示すことがまったくできなくなってしまったのです。

特に、家では大声でも話せるのに、外に行くと固まってしまって声が出せなくなる症状は深刻でした。

これは場面緘黙という精神疾患で、大きなストレスとショックから、場所や場面によっては声が出なくなる症状です。

僕がその言葉を知ったきっかけは、翔君が通院している病院でした。その待合室には障害に関する本がたくさん並んでいたのですが、その中の『声が出ない』と書かれた表紙が目に入りました。

ぱらぱらめくってみて、すぐに「あ、姫歌はこれだ！」と確信しました。

読めば読むほど「そういうことか」と合点がいき、自分でもいろいろ調べるようになります。**姫ちゃんはその後、医師からも正式に場面緘黙と診断されました。**

いじめは人を簡単に変えてしまいます。

姫ちゃんはもともと声の小さな子でした。なぜ声が小さいのか僕も気になっていて、小学校のときには黒板まで声が届くよう、あえて姫ちゃんの席を一番後ろにしてもらったこともあります。

良かれと思ってやったことでしたが、**場面緘黙の子どもに声を無理やり出させようとするのは、さらにストレスを増やしてしまって良くないそうです。**

その本を読んで、親の無知で子どもに辛い思いをさせてしまったと後悔しました。**知識がないと、良かれと思ってやったことがマイナスになることもあるのです。**

それでも、姫ちゃんが中１のときにこの本と出会えてよかったと思っています。もしもあの本を手に取らなかったら、その後の僕がどんな対応をしていたかわからないからです。

姫ちゃんもあの本に救われたけれど、僕も救われたのです。

特別支援学校へ転校しても変わらなかったこと

特別支援学校の中等部に転校したことで、姫ちゃんの気持ちは少し楽になったようです。

普通学校と支援学校とでは、先生の対応も保護者たちの態度もまったく違うので、姫ちゃんも以前より安心して過ごせるようになったのです。

また、**支援学校では基本的に一人の生徒に教師が2人つくなど大人の数が多いこともあり、子どもを守る意識も強い**ようです。

例えば翔君は保育園から小学校、中等部、高等部までずっと支援学校にいましたが、いじめや嫌がらせを受けたことは一度もありませんでした。

ただし、姫ちゃんの場合は場面緘黙があったため、特別支援学校でもしんどいことはあったようです。

学校に姫ちゃんのイラストを飾ってもらっていたので、中には姫ちゃんにあこがれている生徒もいました。

でも、せっかく「姫ちゃん！」と声をかけてもらっても、姫ちゃんは声を出せないのです。しかもコロナ禍でマスクをしているので、目元で反応するだけです。**目だけで笑顔を伝えるのは難しいし、大変だと言っていました。**

また、姫ちゃんは人の目が気になる傾向があるのですが、中学時代は特に敏感になり、**一人でトイレに行けなくなった時期もありました。**

その環境に慣れてくると徐々に行けるようになってきましたが、それでも毎回行けるわけではなく、外に人がいるような状況ではなかなかトイレに行けませんでした。

トイレに行けた日は「今日はトイレに行けましたよ」と先生から報告されるぐらい

でした。

また、行き慣れているトイレか、広いトイレではないとダメだったので、外出先でのトイレ探しも難航しました。

さらに姫ちゃんは、**他人の視線を怖いと感じてしまう「視線恐怖」の症状も出てくるようになりました。**人の視線が気になって固まってしまうのです。

ただ、最近では帽子をかぶることで他人の視線にも慣れてきて、今では帽子のおかげで外出や外食もできるようになりました。

それと、過度のストレスや緊張感から笑ってはいけない場面で笑ってしまう「失笑恐怖症」の症状もあります。

人から注意されているときやお葬式など、普通であれば笑顔を見せてはいけない場面で自分の感情がコントロールできなくなってしまうのです。

僕はこの症状のことを知らなかったので、以前、先生から怒られているときに笑っている姫ちゃんを見て注意したことがあるのですが、最近いろいろ調べていて、これも対人恐怖症の一つだったということを知りました。

パパ、姫ちゃんの言葉に動揺する

姫ちゃんは特別支援学校の中等部を卒業した後、そのまま特別支援学校の高等部に進学しました。

姫ちゃんが高等部に進学する際には、僕は先生や他の保護者たちに場面緘黙について説明しました。

そして、**無理に声を出させようとすると症状が悪化してしまうため、声が出ないことを周りに受け入れてほしい**と話したのです。

障害や症状のことをきちんと伝えておかないと、お互いにトラブルになったり、ストレスを感じたりすることがあります。だから姫ちゃんと関わる人たちに、僕の口から事前に伝えておきたかったのです。

この時に手をあげられない姫ちゃんが知り合いの学生とグータッチをすることができて、前向きになってきました。高等部に入学した姫ちゃんは、しばらく落ち着いた

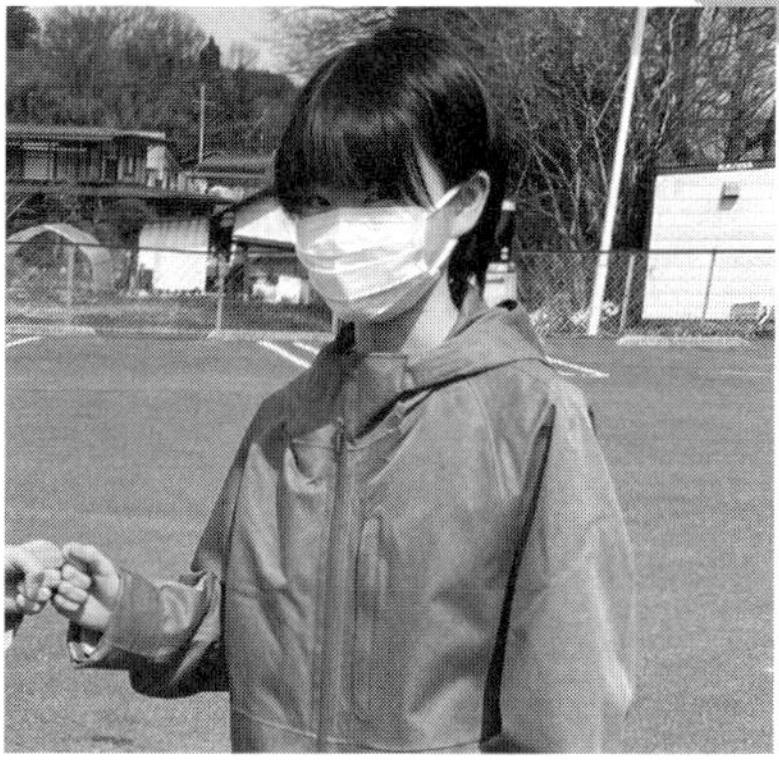

グータッチならできるとわかって、嬉しい姫ちゃん。この後色んな人とグータッチをしていきます。姫ちゃん、笑いました。

日々を過ごしていました。

担任の先生からも「今日はみんなの前で少し声を出せましたよ」とか「トイレも結構行けてますよ」という連絡をもらい、僕も安心していました。

それまで心配だったことがすべてできていたので「姫ちゃん、すごいな」「良かったな」と話していました。

でも、1学期が終わって夏休みに入ったときに、姫ちゃんがこう言ったんです。

「学校って行く意味あるの？」

「ええ？」

……娘の突然の問いに動揺する僕。そんな僕に姫ちゃんは、学校のことをポツポツと話し始めました。

まだ声が十分に出せないことで、大変なことやできないことも多いということ。

休み時間に他の生徒はみんな楽しそうに動き回っているのに、自分だけどうしていいかわからなくて一人でじっと座って動けないこと。

一生懸命頑張って登校してたけど、本当はとてもきつかったということ。

それから、当時の姫ちゃんは首の後ろの痛みなど体の不調を訴えていました。

たぶん、緊張で一日中突っ張っていたんだと思います。

頑張らなきゃいけない、周りに合わせなきゃいけないと無理をして緊張状態が続いたことで、心身ともに疲れてしまったんです。

そして、普段は自分の思いや意見をほとんど言わない姫ちゃんが初めて「学校って、行く意味あるの？」と聞いてきたわけです。僕は動揺しました。

考えてみれば、特別支援学校の高等部というのは卒業した後に作業所や障害者雇用の職場に行けるように現場実習を繰り返し訓練する場所です。だから、授業はどうしても実習ばかりになります。

確かに僕も姫ちゃんに関しては、卒業後に作業所へ行かないだろうなあとは考えていましたが、まだそれもはっきり決めたわけではありませんでした。

それで、「学校に通うことは、姫ちゃんにとってプラスになることもあるかもしれないよ」なんて曖昧な答え方をして、姫ちゃんの様子を見ようと思ったのです。

不登校から学校をやめる決意をする

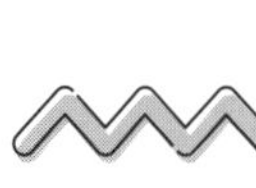

姫ちゃんはその時点で学校をやめることはありませんでしたが、やはり学校に行くのが辛いというので、2学期からは不登校状態になります。

僕も、本人から学校が辛いという話を聞いた後だったので、無理に学校へ行か

せようという気持ちにはなれませんでした。

それでしばらく家にいたのですが、2学期に学生限定のあるイラストコンテストに応募してみようという話をします。

そのイラストコンテストは、大きなスポンサーがたくさんつく大規模なコンテストでした。応募資格は、どこかの学校に在籍していること。

だから、学校の先生にその学校の学生であることを証明する用紙に署名してもらうことが必要になります。

ただし、先生にお願いする際、コンテストの協力だけ仰いで本人が不登校を続けるというのもどうかという話になりました。先生の言うこともわかります。

そこで、1週間に1日でも2日でも、また短い時間でもいいから、とりあえず少しは学校に行こうという話になります。

その結果、1週間に1、2日は学校に行くようになったのですが、**またしばらくすると、姫ちゃんは「やっぱり辛い」と言い出しました。**

その頃には、「姫歌は本当にきついんだな」という思いがだんだん確信に変わってきていました。イラストも手につかず、この時期にストレスによるパニック発作が出始めます。

そこで、「学校をやめる」という選択肢を考え始めます。

いや、不登校のまま、たまに学校に顔を出しながら3年生の終わりまで在籍して卒業するという手もある。でも頭の中を学校というものがよぎっている限り、姫ちゃんの辛い状態が続くのであれば、果たして学校に行く意味はあるんだろうか……と考えたのです。

その結果、娘が学校に在籍し続ける意味はないという結論になりました。

その後、学校とも話し合って、すぐに退学するのではなく、1年生の間は不登校のままでいいから在籍して、1年生が修了した時点で退学することに。支援学校では最大限の理解をしてくださり、姫ちゃんの思いを優先してくれました。

SNSで広がっていく姫ちゃんの世界

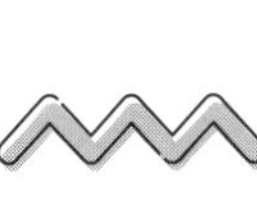

高1で学校をやめた姫ちゃんは、その後、よりいっそうイラストに集中するようになりました。それまでは色鉛筆を使ってアナログで描くことが多かったのですが、この時期からは特にデジタルで描くことを覚えて集中し始めました。

姫ちゃんはイラストの技法も、イラストの教本やYouTube、SNSなどを見ながら独学で学んでいます。

特に、映像から学ぶようになってからイラストの力が劇的に上達しました。中学1年のときはTikTokでイラスト仲間とコラボレーションをしたこともあります。

姫ちゃんの絵をすごいと認めてくれている方から声をかけていただき、『進撃の巨人』のミカサ・アッカーマンというキャラクターを一緒に描いて、TikTok上の2画面でアップしたのです。すると相手の方が絶賛してくれただけでなく、視聴者さんからもお褒めの言葉をたくさんいただきました。

「ほら、姫歌、すごいよ」「みんなが褒めてくれてるよ」と伝えると、姫ちゃんも嬉しそうに笑っていました。

こうして、姫ちゃんはさらにイラストのモチベーションを高めていったのです。

第3章では、姫ちゃんが勇気を出していじめの話をしましたが、僕たちは誰かを責めたいわけではありません。

多くの人から、子どもたちに伝えてほしいです。学校では教えてくれない支援学級の生徒のことや、心ない言葉や態度は相手を深く傷つけ、つらい記憶を残してしまうことを……。

そして相手に優しい気持ちを持つよう教えてあげてほしいです。

第4章

人と関わることで急成長する我が子たち

好きなことを「独学」で学ぶ2人

２０１６年に福島に移って来てから、８年。我が家の子どもたちも、いろいろな経験を重ねながらそれぞれのスピードで成長しています。

ただし、子どもたちの知能指数自体は数年ごとに検査していますが、だんだん下がっています。

例えば、翔君は初めて受けた5歳時にはＩＱ40でしたが、15歳時はＩＱ34、19歳時ではＩＱ30でした。姫ちゃんは10歳時でＩＱ69、70がボーダーラインなのでぎりぎりという感じでしたが、13歳時と17歳時はＩＱ43でした。

一般的に知能指数の数値というのは年齢とともに上がっていく人の方が少数で、下がっていく人の方が多いそうです。

ＩＱというのは実際の生活年齢に対して精神年齢がどのくらいかを測る知能検査な

ので、**知的障害がある場合、年齢が上がるに従って年齢に応じた数値との開きが大きくなっていくこともある**そうです。

だから、ＩＱの数値が下がってもその子の知能そのものが落ちたということではなくて、日常生活ではできるようになっていくことも多いと僕は感じています。

例えば翔君の場合、以前はわかりやすいようにこちらが言葉をかみくだきながら会話をしないと伝わらなかったのですが、今ではそんな必要はなくなりました。言葉の理解もかなり進んでいるし、会話のキャッチボールもできています。

またユキちゃんやアンジェラなど、翔君オリジナルの世界のこともよく語ってくれています。

すごいと思うのが、YouTubeやSNSの動画などを見て、独学で言葉を覚えていることです。例えばゲーム動画やお笑い動画など、僕の知らないうちにいろいろな動画を見ては、どんどん言葉を覚えているのです。

最近は翔君の会話の中に難しい言葉も出てきて、しかもきちんと意味の通った

使い方をしているので、びっくりすることも多いです。この前は「営業」とか「観客」なんて言葉も使っていました。

「翔君、すごいじゃん！　そんな言葉、いつの間にわかるようになったの？」と褒めると、ちょっと得意そうな顔をする翔君。ものすごい集中力でYouTubeを見ているうちに言葉も覚えてしまうのです。

そして、最近の翔君はなんと、**Googleの音声入力機能を使って、FaceTimeでメッセージを送ることもできるようになりました。**

以前、自分の部屋にこもってイラストを描き続けていた姫ちゃんに、いきなり翔君から「がんばれ」というメッセージが届いて、姫ちゃんは目を丸くしていました。そして大喜びです。

こんなふうに、翔君は誰かが教えたわけでもないのに、自分でスマホをいじっているうちにいろいろと覚えてしまうんです。

これは姫ちゃんも同じですが、２人とも映像や本から学んで覚える力が優れている

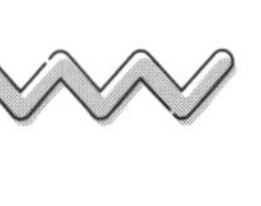

ようです。周りの人が説明するのを聞いていても覚えないけれど、映像を見ているうちに自然と学んでしまうことがよくあります。

また、こだわりや好きなものに対する情熱も強いので、その影響で学んでいくことも多いです。

知的障害を伴う自閉スペクトラム症の特性でもある、目視優位をサポートすることで思わぬ力を発揮することがあります。これは、２人から教わったことです。

画像検索を駆使して意志を伝えるようになった

翔君がよく見ている動画は、自動ドアに関するものです。ドアや自動ドアが出てくる動画を自分で探してはよく見ています。

あるとき「インドに俺の仲間がいるんだよ！」と誇らしげに教えてくれた翔君。は？　インドに仲間……？

いったい何を言っているんだろうと思ったら、**本当にインドには翔君と同じようにドアを開け閉めする職業の人がいたんです！**

そういう職業の人を映している動画を見せてくれて、よく見つけてきたもんだとびっくりしましたが、**最近の翔君は検索する力も上がっています。**

翔君は自分で文字を打ち込めないので、以前は音声入力で「自動ドア」とか「ドア」なんて言いながら検索していたんですが、うまく言えないときもあって、なかなかうまくヒットしなかったこともありました。

それが最近では、探したいことが出てきたら、Googleのカメラでパチリ。何をしているのかと思ったら、Googleの画像検索でした。

僕もやり方を知らなかったのに、翔君は自力で覚えちゃったのです。

最近では、何か欲しいときも画像検索で自分が欲しい商品リストをずらっと出して、

「これが欲しい」と僕のところに持ってきます。わかりやすい！

翔君は、芸人のお笑いの動画やヒットソングの動画もよく見ているようです。歌は日本人の歌手以外にも中国人や韓国人、他国の歌手など、さまざまなジャンルをチェックしています。

そして、自分が歌うのも大好きな翔君は、動画や音楽アプリでイヤホンをつけて一緒に歌を歌っています。

正確には歌えていないけど、ずいぶんご機嫌です。翔君なりに歌の世界を楽しんでいるのです。

こういうとき、僕はあまり介入しないようにしています。余計なことを聞かないし、画面を覗き込んだりしないで、ある程度子どもたちの自由にさせています。

やはり、子どもにとって、親のいないところで好きなことに没頭する時間も大切だと思うからです。

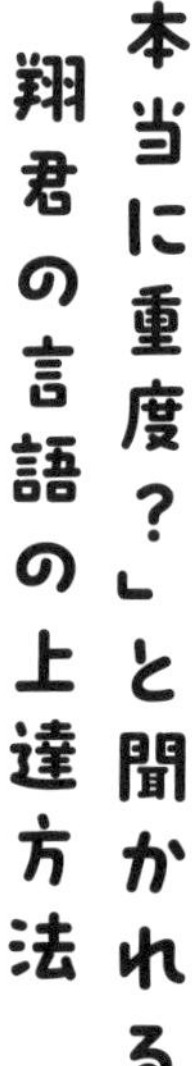

「本当に重度？」と聞かれる翔君の言語の上達方法

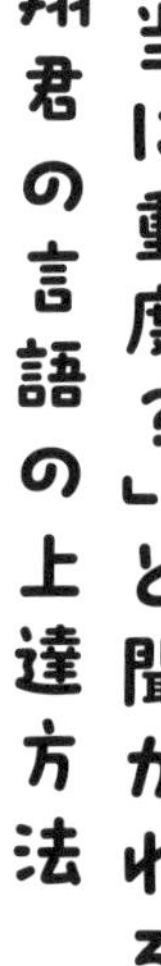

翔君は会話がどんどんできるようになってきただけでなく、**最近では敬語も使えるようになりました。**

YouTubeやTikTokで何かを紹介するときに翔君に振ったら、「〇〇美味しいですよ！」と、僕が教えたわけではない「です」「ます」を使っているんです！

いやあ、これには驚きました。そういうのも、きっと動画で学んで自発的に使っているのでしょう。

中には作業所で覚えたものもあるのかもしれませんが、映像の力が翔君にかなり大きな影響を及ぼしているのは確かです。

独学でコミュニケーションを学んでいる翔君は、今も成長し続けています。

我が家のYouTubeチャンネル「Yasu familyチャンネル」を見てくださっている方

から、年々しゃべれるようになっている翔君を見て、「翔輝君は本当に重度の障害なの？」と聞かれることがあるのですが、本当に重度の知的障害です（YouTubeで実際に診断書や障害者手帳を出すこともあります）。

また、翔君はYouTubeやTikTokのために僕が撮影していることも、ちゃんと理解しています。翔君もYouTubeが大好きなので、自分がそこに登場しているという喜びがあるのです。

むしろ、僕がしばらく撮影をしないと「撮影しないの？」「俺を撮って動画をアップしてくれ」とせっつかれるくらいです（笑）。

また、YouTubeが好きだからこそ、撮影のときの翔君には「ちゃんと話そう」という意識が出てきました。

以前は、撮影した後に翔君の言葉にはすべて字幕をつけていました。**翔君には吃音があり、字幕がないと視聴者さんに伝わりにくい箇所があったからです。**

実際、僕も翔君の言葉を解読するのが難しく、字幕を入れるのに苦労していた時期もあったのですが、だんだんその作業が楽になってきました。

例えば、以前は「チャンネル登録よろしくお願いします！」と詰まっていたのが、「チャンネル登録よろししし……」と**スムーズに言えるようになりました。**

さらに、翔君は僕の言葉をオウム返しにすることが多かったですが、それを何度も繰り返すことで、言葉の意味もわかるようになってきているようです。

一番嬉しいのは、撮影以外でも翔君に自分から人に話そうっていう意欲が芽生えていることです。

その意味では、ＳＮＳやインターネットは翔君にとっていいことばかりと言えそうです。

姫ちゃん、「神絵師」と呼ばれる

姫ちゃんのイラストに関しては、初めは教本を見て学んでいましたが、イラスト関連のYouTubeを見るようになってから一気に上達しました。

ユーチューバーの教えに姫ちゃんなりの工夫をプラスしてやっていますが、やはり本よりも映像を見て描く方がずっとわかりやすいようです。

そんな姫ちゃんは、以前「ピグパーティ」というアバターSNSアプリでイラストを投稿していたそうです。「そうです」というのは、当時の僕はそのことをまったく知らなかったからです。

やり始めた当時、年齢制限がなかったピグパーティでは、小中学生がイラストを描いて自分のアバターとして使っています。そこで、姫ちゃんのアバターイラストが大人気だったのです。

アバターのイラストを姫ちゃんに依頼すると、姫ちゃんはその人に似せて格好よくデフォルメされたアバターを描いてくれます。

なぜ姫ちゃんが僕の知らないところでやっていたのかというと、僕のやっている

TikTokやYouTubeには「障害」という言葉が出てくるからだそうです。

姫ちゃんは、障害とは一切関係のない場所で、自分だけでどこまでやれるのか挑戦してみたかったんだと思います。

姫ちゃんはピグパーティ内で「神絵師」なんて呼ばれていたそうですから、姫ちゃんの挑戦は大成功でした！

画力の上達は姫ちゃんの努力と才能のたまもの

姫ちゃんはよく絵の才能があると褒められます。「やっぱり自閉症の中には才能のある子がいるよね」「サヴァン症候群じゃないか」なんていうコメントもたくさんいただきます。

サヴァン症候群っていうのは、自閉スペクトラム症や知的障害がある人で、特定の分野で突出した能力を持っている状態のこと。

我が子に才能があると言われれば、親としては嬉しいことは嬉しいのですが、僕は姫ちゃんを見ていると、きっとそういうことではないんだろうと思うのです。

3歳頃からずっと描き続けた努力のたまものであって、もともと才能があって最初からうまかったわけではありません。

やっぱり本人が自分で描きやすい方法をいろいろ探して、何度も試してみるという努力を積み重ねてきて、少しずつうまくなっていったのです。

例えば、線を真っ直ぐに引く練習や、きれいな円を描く練習、単純なフォルムを描く練習など、非常に地味な練習も、時間を見つけてずっとやっていました。

姫ちゃんのすごいのは、こういうふうにイラストが上達する方法を自分で探し当てて、さらに自分だけの工夫を加えてどんどん上達していったところです。イラストを描くことに対して、ものすごく貪欲なのです。

姫ちゃんはYouTubeで絵の上手な人を見つけてよく見ています。

姫ちゃんのファンの方から、コピック全色のプレゼント。ファンの方には、フレディ・マーキュリーを描いてプレゼントしました。

例えば、韓国人のイラストレーターで模写が非常に上手な方の動画を、スローモーションで見て真似して描いたりしていました。

姫ちゃんはそういう作業を夜通しやるのです。学校に行っていたときは、朝5時頃に「学校に行く準備の時間だよ」と言ってやめさせるまで、ずっとやっていました。

そんなことを繰り返していくうちに模写や自分の絵がうまくなっていったのです。

姫ちゃんのイラストの陰には、凄まじい努力がありました。

ただ、考えてみれば、絵やイラストを描く人が全員そんなふうに毎日頑張れるわけではないし、どんなに頑張っても成果が出ない人はいます。

姫ちゃんの集中力と絵にかける情熱を見ていると、やっぱり姫ちゃんには才能があるのかもしれないとも思います。

だから僕は最近、姫ちゃんに「これはやっぱり姫ちゃんの才能だよ。自分には才能があるって自信を持って、どんどん前進していこうよ」という話をしています。

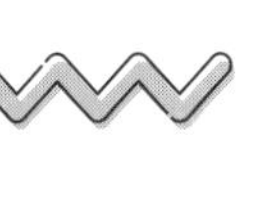

自分の好きなもので稼げるようになるには？

そもそも姫ちゃんは、イラストに関してなかなか自信を持てませんでした。

「これは販売できるレベルなんじゃない？」と言っても、姫ちゃんの志がものすごく高いので、**自分のイラストはまだそんなレベルじゃない**と否定するのです。

僕はずっと姫ちゃんの背中を押していたのですが、姫ちゃんは販売することを遠慮していました。

そんな矢先、姫ちゃん自身にある気持ちの変化がありました。**「自分のお金でやってみたいことがある。だから絵を売ってほしい」**と僕に言ってきたのです。

何をやりたいのか聞くと、自分のお金でゲーム課金をしてみたいのだそうです。我が家は課金禁止だったのですが、自分のお金ならいいと許可をして姫ちゃんのイラストのグッズの販売を始めました。


まず始めたのは「ＢＯＯＴＨ」というオンラインのクリエイターズマーケットでのグッズ販売です。

このＢＯＯＴＨは、誰でも自分が作った作品や商品を販売できて、誰でも購入できるサイトです。ここでは、姫ちゃんの描いたオリジナルキャラクターのＴシャツやマグカップ、タオル、キーホルダー、複製画などを販売しています。

ただ、今はまだ利益のためというより、視聴者さんに楽しんでもらうためのファンサービスが主な目的です。

また、リアルでの販売も始めました。**道の駅で、姫ちゃんのイラスト複製画を売ってもらえることになったのです。**

道の駅の担当者の方に、娘のイラストを飾るなどでお役に立てないかと相談したら、「販売したらどうですか?」と逆に提案されて、道の駅で販売できるんだと驚きましたが、そこで販売してもらうことにしました。

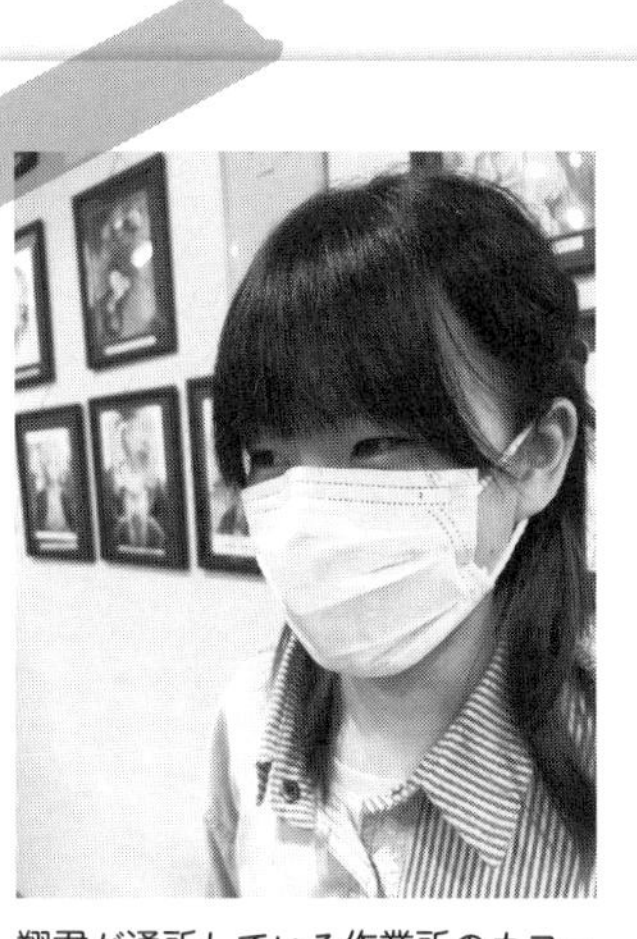

翔君が通所している作業所のカフェ。姫ちゃんの作品が展示されています。

ありがたいことに、BOOTHでも道の駅でも、姫ちゃんのグッズや絵は着々と売れています。そこで僕は姫ちゃんの口座も作り、今はそこにお金も少しずつ入ってきています。

今後はこれをもっと増やしていき、自分の好きなことで稼げるようになることを目指しています。それと同時に、**姫ちゃんが自信をつけていくのが僕の理想**です。

さらに姫ちゃんは、Xの個人アカウントデビューをしました。イラストを投稿して視聴者さんとコミュニケーションの練習も開始。

そこで今、僕と一緒にコミュニティ内での会話を学んでいる最中です。姫ちゃんにダイレクトメールが来るたび、僕が「こういうときは、こんなふうに返すといいよ」ということを教えているのです。

今はリアルのコミュニケーションが難しい状態でも、今後のことを考えたら、SNSやインターネット上での会話はできた方がいいからです。

姫ちゃんが自分の得意なことで稼げて、なおかつSNSでコミュニケーションできるようになってくれたら、僕も安心できます。

以前からそういう話を何度もしていたこともあり、**最近では姫ちゃんも嫌がらずにSNS上での会話をするようになりました。**

応援や褒め言葉が子どもの自信につながる

僕は、子どもが成長していくためには、人と関わることやコミュニケーションがとても大事だと思っています。

それも人から否定されるようなネガティブなコミュニケーションではなくて、応援や褒め言葉などポジティブなコミュニケーションです。

だから、僕は子どもたちをよく褒めてます。

例えば、姫ちゃんが描いた絵は基本的にめちゃくちゃ褒めます。彼女は3歳頃からたくさん描くようになり、描いたものを持ってきて見せてくれましたが、それを見て僕が**ダメ出ししたことはありません。**

「ここを塗ると、もっときれいになりそうだね」なんて言葉を選びながらアドバイスすることはあっても、やっぱり基本的に絵を描くこと自体を楽しんでほしいと思っているので、否定はしません。

これは姫ちゃんだけでなく、翔君に対しても同じです。

危険なことや非衛生的なことはしつこく注意することもありますが、**それ以外は否定せず、子どもたちを応援しまくって自信につなげたいと思っています。**

それは僕自身の経験が影響しています。

僕が小学生のころ、ワシやタカを描くことに熱中していました。学校から帰宅後は、毎日描いていましたが、親からは一度も褒められたことはなく、次第にやめてしまったのを覚えています。

そんな自分自身の経験からも、僕は子どもを応援してその子のいろいろな部分を伸ばしてあげたいと思っています。

姫ちゃんがいじめにあって絵を描くことを諦めそうになっていたとき、僕は娘を応援するために絵を描き始めました。「パパがイラストを描くから、アドバイスしてよ」って言って。

その僕の狙いは、まず姫ちゃんの創作意欲を刺激すること。またそれ以外にも、姫ちゃんがずっと一人で描いてきた絵の世界を僕も共有することで、絵について話せる人ができて姫ちゃんの気も晴れるかなと思ったのです。

それに、姫ちゃんが絵に関することを誰かにアドバイスするという練習にもなります。姫ちゃんが誰かにイラストを教えられるようになったら、また姫ちゃんの世界も大きく広がっていくと思うのです。

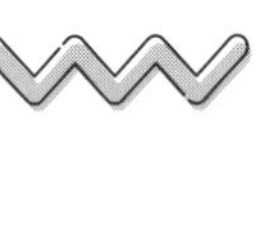

自閉症の翔君の「こだわり」に協力してくれる優しい人々

人と関わるという意味では、翔君の自動ドアに関して、びっくりする出来事がありました。思わぬ方々が協力してくれるようになったのです。

翔君の自動ドアに対する情熱は、福島に来てからさらに強くなっていました。

福島の特別支援学校では、授業時間が終わった後なら自動ドアの撮影を自由にしていいという許可が出て、放課後に撮影していました。

僕が車で送迎しているのですが、他の生徒が帰った後、翔君が床を踏んで自動ドアを開けて僕がスマホで動画撮影する。

途中交代して、僕が踏んで翔君が撮るという行為を毎日30分以上やっていました（正直、毎日はキツかった……！）。

また帰り道にあるコンビニでも、二重ドアのうち手動ドアの方を自動ドアのように開閉して動画を撮影するという行為をコンビニの店員さんが快く了承してくださったので、ここでもやっていました。

その際、翔君はコンビニの自動ドアについていた「自動ドア」「ドアに注意」などのステッカーを欲しがって、剝がそうとするようになりました。僕は翔君を止めるのですが、翔君はどうしても欲しくてたまりません。

困った僕は、このステッカーが入手できないだろうかといろいろ探してみますが、なかなか手に入らず。

それで、思い切ってこの自動ドアの大手メーカー（ナブコシステム株式会社）にもらうことができないか、電話してみたのです。

すると、ナブコさんがステッカーを快く譲ってくださるというのです！

ナブコさんは自動ドアメーカーの大企業ですが、一般の人が自動ドアに興味を持つことが珍しかったらしく、翔君の話をとても喜んで聞いてくださいました。そして「構いませんよ、差し上げます」とおっしゃるのです。

いや〜、やったーと飛び上がりました（笑）。

しかも東京にある本社に電話をかけたので、僕はてっきり東京の本社から送られてくるものだと思っていたら、**福島県郡山支店の支店長さんが自ら車で届けてくれたのです！**　ステッカー一式に、自社製のボールペン、パンフレットなど販促物をたくさん持ってきてくださり、

「自動ドアメーカーとして、一般の方がそんなに自動ドアに興味を持ってくれるなんて嬉しいことだから、私たちにできることは協力したい」

ナブコシステム郡山支店を訪問してきました。

と言ってくださったのです。なんて心の広い会社なんでしょう！　本当にありがたいし、びっくりです！

もちろん翔君は大喜びです。

また、その後は支店の見学もさせてもらえることになり、翔君とナブコさんの郡山支店に行ってきました。

そこでは、最新の自動ドアを見せてもらったり、モーターの中身を見せてもらったりして、翔君はもう大コーフンです（笑）。

翔君はモーターの構造や音、ステッカーの種類の違いなどに詳しいので、ナブコの

ナブコステッカーを貼ってある翔君の部屋の自称「自動ドア」。

皆さんも驚いていました。翔君の自動ドア愛がしっかり伝わりました！

そういえば、自動ドアのステッカーには貼り方や向きがあったようで、それもしっかり教わってきました。

それを聞いている翔君は目が真剣で、家に帰ってくると早速、その貼り方で貼っていました。

憧れの会社と、まさかのつながりができた翔君でした。

作業所の自動ドアメンテナンスは楽しみにしています。

翔君、美容院に通う

人と関わることで成長するといえば、忘れちゃいけないのが美容院です。

もともと僕が子どもたちの髪の毛を切っていました。翔君は小さい頃、落ち着いて座っていられなかったので、最初から床屋や美容院に行くのは無理だと思い込んでいたこともあります。

ただ、子どもが成長してくると、僕も髪の毛を切るのが難しくなってきます。何とか探り探り切っている状態でしたが、翔君は特に髪を切るのを嫌がったので、川崎にいる間はずっと髪の毛が長いことが多かったです。

それが、ユキちゃんが出てきてから変わりました。**ユキちゃんを翔君の膝の上に置いてみたら、じっと座っていられるようになったのです。**

ずっと下を向いてユキちゃんを見ながら、カットされることに耐えている翔君。僕は、そんな翔君の様子を見ながら短時間でサササッと切っていました。

でも、翔君が高校2年のとき、学校の先生にこう言われたんです。

「翔君も床屋さんに行って、かっこいい髪型にしてもらったらどうですか?」

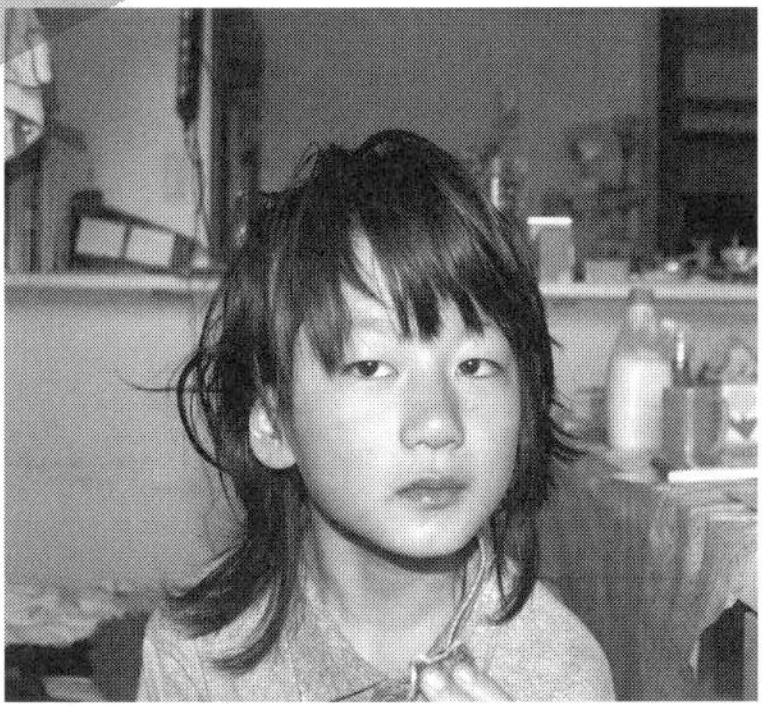

確かに、その頃の翔君は椅子にじっと座っていられない多動行為はかなりおさまっていましたし、何よりユキちゃんが一緒だったら大丈夫そうです。

それで、意を決して翔君を1000円カットに連れて行ってみたら、何事もなくカットできたのです。**ユキちゃんパワーは健在でした!**

今度は僕と妻が通っていた郡山市

翔君と姫ちゃんの髪の毛は、僕がカットしてました。うーん、素人が切った感満載な仕上がり……。

美容師のTAKUMIさんとすっかり意気投合。

にある美容院のDi-KA HAIRに翔君を連れていってみることにしました。

美容師さんも親切な方たちだし、都会的でおしゃれな雰囲気の内装で、翔君も好みそうだと思ったのです（ちなみに翔君も姫ちゃんも大音量の音楽は平気）。

すると、翔君は美容院でもリラックスしています。

美容師さんともすっかり打ち解けて、会話もしているではありませんか。

そもそも美容師さんが会話上手なので、翔君もとても楽しそう。無事にカットもできました。

翔君、すっかり美容院を気に入ってくれたようです。それが、翔君が高3のときの美容院デビューでした。

今では季節ごとに1回行くくらいですが、髪を切ってもらうことや美容院にはまったく抵抗がないようです。

これまで翔君が美容院を嫌だと言ったことは一度もありませんし、むしろ行くのを楽しみにしています。

引きこもり脱却には美容院とヘアカラー！

翔君は、今では髪の色を変えるなど、積極的にヘアスタイルの変化を楽しむようになりました。

最初に髪の色を変えたのは、高校を卒業してしばらく経った頃です。当時はコロナ禍で、翔君も全然外出しなくなってしまいました。ずっと家にこもってしまい、時々、ドラッグストアかコンビニに行くぐらい。

このままだといよいよ引きこもりになってしまうかもしれないと思ったので、美容院なら外に出るかと思い、「髪の色、変えてみる?」と声をかけてみたのです。

「俺はアメリカ人なんだよ」by翔君。
美容師のTAKUMIさんが撮影。

そして美容院に行って、気分転換のために翔君の髪の色を少し明るめの茶色にしてもらいました。

すると翔君はとても気に入ったようで、**今度は「変わった自分をみんなに見てもらいたい」と言い出しました。**

髪の色を変えて気分が変わり、外に出て誰かに自分を見てもらいたいという気持ちになったのです。その後はまた頻繁に外に出られるようになりました。

その後も、翔君は金色やブルー、ホワイトベージュ、レッドなど、**いろいろなカラーに挑戦して変化を楽しんでいます。**

一度、美容師さんが「翔君、久しぶりに黒髪もいいよ」と勧めたときは真顔でスルーしていたのに、その後に金髪になったら、すっかり満面の笑みに戻った翔君。すごくわかりやすくて笑ってしまいましたが、**こだわりの強い翔君の今のお気に入りは金髪**のようです。

おしゃれを拒んでいた 姫ちゃんの美容院デビュー

一方、姫ちゃんには頑なにおしゃれを拒んでいた時期がありました。

川崎にいる頃は普通にいろいろな洋服を着ていたのに、小学校5年生の後半からはグレーの服しか着なくなりました。

もしかしたら誰かに何か言われたのかもしれませんが、とにかくその時期から姫ちゃんはおしゃれを一切しなくなったんです。

自分はおしゃれなんてしちゃいけないんだ、と思っている節もありました。

そんなとき、姫ちゃんが特別支援学校を退学して、高校生ではなくなりました。だったら、姫ちゃんも気分を変えるために美容院に行って、何かやってみようと声をかけたのです。

嫌がるかも、と思っていたのですが、美容師さんが明るく導いてくれたこともあって姫ちゃんは抵抗しませんでした。

そして美容師さんの提案で、いきなり全体を派手な色にするのではなく、髪の内側に紫色を入れるインナーカラーにして、全体をウルフカットにしてみました。

できあがったスタイルに、姫ちゃんも大満足でした。

印象もグッと明るく変わり、みんなに「いいじゃん、姫ちゃん！」と言われて照れ臭そうでしたが、変身した自分を見て姫ちゃん自身もニコニコ喜んでいました。

姫ちゃんは以前、小さな声で「大人になったら、いつかおしゃれをしてみたい」と言っていたことがあります。

ウルフカットで、初のインナーカラー。けっこう気に入ってる姫ちゃん。

だから、心の底では、おしゃれをしたい、かわいくなりたいという気持ちは消えていなかったのです。

髪を変えて表情まで一気に明るくなった姫ちゃん。その顔を見て、やはり美容には人を前向きに変える力があると

このイメチェンは大成功でした。

実感。

こんなふうに、**美容院というのは僕たち家族にとっては前向きになれる場所であり、楽しくなる場所であり、必要不可欠な場所**なんです。

また家でずっと絵を描いている姫ちゃんにとっては、家族以外の人とコミュニケーションを取れる唯一の場所でもあります。

美容院の椅子に座っている間、姫ちゃんは黙っているけれど、美容師さんが頻繁に話しかけてくれたり、姫ちゃんの顔に合う髪型を考えてくれたり、髪をかわいくセットしてくれたりしています。

こういうことすべてが、姫ちゃんにとっては大事なコミュニケーションになっているのです。動画撮影にも協力してくれています。

だから、家族みんなが1000円カットではなくて美容院に行くとお金もかかりますが、僕たちにとっては必要なことだと思って続けています。

パパは専属スタイリスト!?

もともと翔君には小さな頃から派手な服を着せていました。

なぜなら、**派手な服を着ていればどこかに行ってしまったときに見つけやすい**からです(笑)。

それに自分自身がおしゃれやコスプレをするのも好きだったので、子どもにおしゃれをさせることに関しても積極的でしたし、写真を撮るのが好きだったこともあって、

子どもたちによくおしゃれをさせて写真を撮っていました。

翔君は何でも着てくれるし、着こなすのも上手です。

以前、福島の家を片付けていたら、昔の母の服がいっぱい出てきました。

中に、夜のお店に出ていたときのド派手な花柄ジャケットなどもありました。

「すっごい派手だけど、翔君なら着られるかもよ」と言って着せてみたら、これが似合うんです！（親バカですみません……）。

通称・ばあちゃんファッション。翔君も周りからイケメンと言われてご満悦でした。

翔君は身体も細いし髪も明るい色なので、女性ものの派手なジャケットを着ても違和感がないどころか、**翔君なりにおしゃれに着こなしていて驚きました！**

思わずその写真を撮ってＳＮＳに投稿したら、これがまたすごい反響が。

「かっこいい」「似合ってます」「こんなの着こなせるのは翔君以外いない」などコメントをたくさんいただいたので翔君にも伝えたところ、**「そうか」と満足気な顔をしていました。**

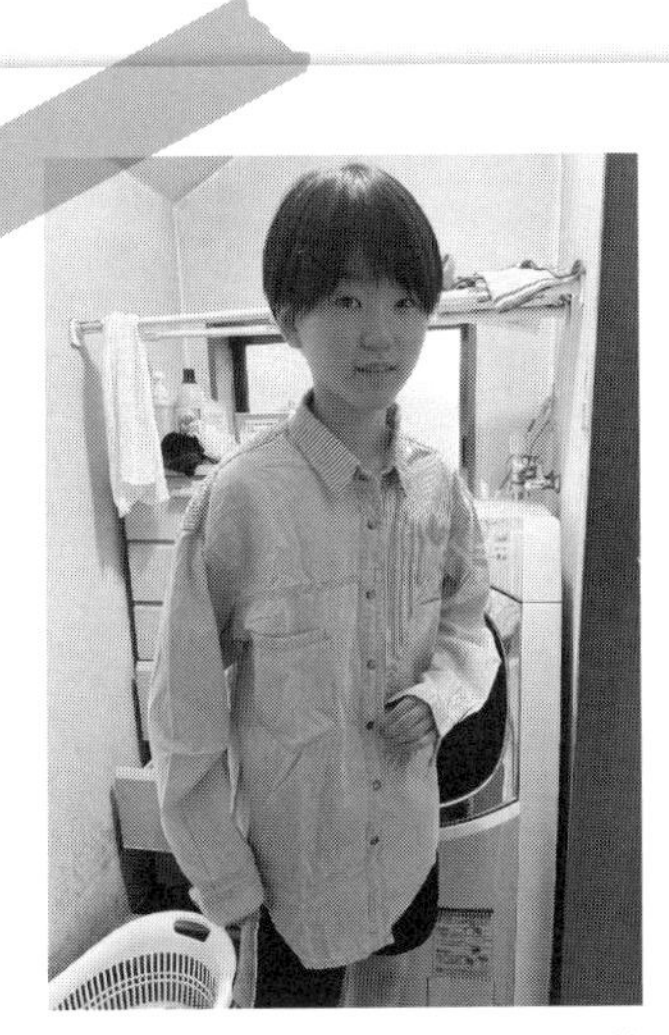

プレゼントされたデニムシャツを着た姫ちゃん。

こんなふうに、翔君がモデルとなってさまざまな洋服にチャレンジした姿をＳＮＳで発信していくのも、僕にとっては一つの喜び。

もちろん翔君本人も楽しんでいます。

一方、姫ちゃんにも変化が。グレーしか着ない姫ちゃんに、知り合いの方から着なくても良いからとデニム調のシャツをプレゼントされたんです。**姫ちゃんは嬉しさからか、数年ぶりに着ることができてファッションの幅が広がりました。**

今後も昔の服や低コストの服を探して、何とか工夫しながらやっていきます。

第5章

知的障害がある我が子の「就労」の準備

「死」について子どもたちに正直に教える

翔君は2024年で23歳。姫ちゃんは18歳。我が子の将来のことを考えたら、やっぱり不安は大いにあります。

そして僕は55歳です。いつまで家族の面倒を見られるのか、いつまで生きられるんだろうっていう思いもあります。

だから僕は、子どもたちにはどこかでパパはいつか死んでいなくなることを教えなきゃいけないと思っていました。

ただ、それで2人がショックを受けてパニックになってしまう可能性もあるので、いつ言おうかと迷っていたのですが、姫ちゃんが高校を自主退学してこれからイラストで頑張っていくことを決めたとき、今がいい機会だと思いました。

姫ちゃんが自分で進路を決めたことで、ようやく僕も子どもたちにその話をする決心がついたのです。

まず、姫ちゃんに話しました。

イラストで頑張っていくなら、これから自分でお金を稼いで、自分で食べていけるようにする道も頭に入れておくことが大切だよ、と。

その際に、パパが死んだらもう2人の面倒を見られないという話もしたのです。どういう反応をするか心配していたのですが、姫ちゃんは意外にショックを受けることもなく、「そうだよね」と言いながら頷いていました。

もしかしたら、僕の両親（姫ちゃんにとっては祖父母）が亡くなったのを見ていたので、人の死を自然と受け入れていたのかもしれません。

特に僕の母は、最期は僕が心臓マッサージして自宅で亡くなったので、子どもたちは人が亡くなる場面を見ています。

順番を考えたら次は親が亡くなるはずだということはすでにわかっていたので、僕から出てきた言葉を受け入れることもできたのだと思います。

その後、翔君にも「パパはきっと翔君より先に死ぬからね。いつまでもいないんだよ」と話しました。

翔君も「そうだな」と意外に冷静に答えていましたが、その後に僕が、そのときは自動ドアもiPhoneの修理も自由にできなくなるだろうと話したら**「マジかよ！」と驚いていました（そこかい！）**。

ただ翔君の場合は、まだそれほどきちんと現実味を感じているわけではないみたいです。

今の自分と将来の自分を考えさせる

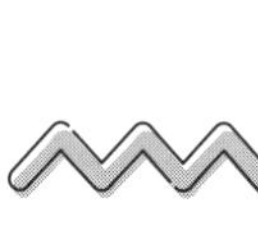

少々シビアな話になりますが、僕が死んだときに残りの家族がどうなるのかというと、**基本的には障害者施設に入れてもらうことになるでしょう。**

僕がいなくなった後に残りの3人だけでやっていくのはやはり大変ですし、僕の両親もすでに亡くなっています。妻の両親が面倒を見るのも不可能です。

ただ姫ちゃんには、もしも施設に行きたくないなら、そして家族みんなで暮らしたいなら、姫ちゃんがみんなの面倒を見るという可能性も話しています。

そのためには、今は僕が一人でやっている役所の手続きや病院の付き添い、金銭面の管理なども、姫ちゃんができる範囲で少しずつ教えておかなければいけません（この辺のことは妻もできません）。

そういうことも含めて、最近では姫ちゃんに自分の将来像について考えてもらうようにしています。

例えば、イラストレーターになりたいという昔からの夢については、「その夢は将来、実現できているかな？　どう思う？」と時々問いかけています。

そして本当にイラストレーターになりたいなら、今はパパがメールのやり取りなどを手伝っているけど、そういうのも自分でやれたらいいねという話をします。

さらに、その他のいろいろな可能性についても少しずつ話しています。

例えば、姫ちゃんが将来、運転免許を取ることができたら、翔君と妻を車で病院に連れて行くことや、役所に行って手続きをすること、自分で好きなものを買いに行くこともできるようになります。いろいろな可能性が出てくるのです。


ただし、運転免許を取るのは姫ちゃんにとって非常にハードルの高いことです。

知的障害があっても運転免許は取れますが、基本的に健常者と同じ手続きや試験を受けなければいけないので、やはり簡単なことではありません。

でも、そこでもう無理だって決めつけてしまうと、その可能性は一切閉ざされてしまいます。

こうなったらいいよね、もしかしたらこういう選択肢もあるかもしれないよ、という将来の可能性を何パターンか話してみて、姫ちゃんにどうしたいかを考えてもらうという感じです。

そして、姫ちゃんが前向きになれば、そのために何が必要か、どんなことをしたらいいかを教えるつもりです。

また、僕の身に何かあったときのために、近いうちに**家族にもわかるフローチャートのようなものを作ろうと思っています。**

例えば僕が倒れたときに救急車を呼ぶ方法や、家の住所や連絡先、困ったことがあったときに電話をする連絡先など、僕が突然いなくなったときに必要なことを書いて壁に貼っておくのです。

今は必要なくても、いつか必ず必要になります。

いつかはパパがいなくなるという覚悟を持ってもらうため、こういう話は普段からみんなにしています。

知的障害の娘に将来の準備をしてもらう

姫ちゃん自身の将来については、**まさに今イラストで食べていくための方法を考**

えているところです。

現在も、ＢＯＯＴＨと道の駅でのグッズ販売で少しずつ収益になってきているのですが、道の駅は車で行かないといけない場所なので、今のところ姫ちゃんだけでは続けていけません。

だから、姫ちゃん自身がスマホだけで収益化できるようにするのが、当面の目標です。

今は姫ちゃんのイラストの依頼については僕がサポートしていますが、僕が元気なうちに、全部一人でやれるようになってほしいと願っています。障害者アートの道も模索中です。

また、姫ちゃんは時々ＳＮＳ経由で「イラストを描いてほしい」という声をいただくのに、今のところあまり積極的に依頼を受けていません。まだ自信がない姫ちゃんには、自分のイラストでお金を稼ぐという気持ちもまだ弱いのです。

だから僕は、視聴者さんからいただいている温かいコメントやメールの言葉をしょっちゅう姫ちゃんに伝えています。

少しずつでいいから、姫ちゃんに自信をつけてほしいのです。

また、姫ちゃんは他の人からの依頼を受けると、自分の好きなものを描けなくなってしまうことも気になっているようです。

そこで、いただいた依頼は全部受けなくてもいいから、これは描いてみたいと思うものだけを描くとか、自分にとって課題の克服につながるから描くとか、自分なりに選んだ上で受けたらいいという話もしています。

お金をいただく仕事としてやっていくためには、やっぱりある程度は自分の気持ちを整理することが必要です。

そういう助言をするのも今のところ僕しかいないので、姫ちゃんには、僕が元気なうちにいろいろな経験を積んでほしいと思っています。

そういえば、先日は姫ちゃんに1件5万円でイラストの依頼をいただきました。ベテランのイラストレーターならともかく、まだ経験の浅い姫ちゃんに5万円という依頼は破格です！

VTuber「こに◆あいこにっく」さんから依頼された、バレンタインイベント用のイラスト。

しかも、依頼主の方のサイトを見ると、超レベルの高いイラストレーターさんのイラストが使われています。

それを見た姫ちゃんも驚いていましたが、姫ちゃんもそんなレベルの高い人たちと同等に思われているわけです。だから姫ちゃんも自信を持ってもいいんだよ、と伝えました。

悩んだ結果、5万円の依頼は、本書の表紙にある家族イラストと時期が重なったために間に合わないと判断してお断りしましたが、**3万円の依頼を再度いただき、受けることにしました。**何より姫ちゃんの得意分野でした！

課題は生活スキルの向上！

子どもたちの今の課題は、生活面を向上させることです。例えば、

- **コンビニで買い物をする**
- **食べた食器を片付ける**
- **食器を洗う**
- **ゴミを片付け、分別する**
- **お風呂やシャワーに入って清潔にする**

そういう生活の基本的な部分を自分たちでやれるようにしようと話しています。**特に、お風呂やシャワーは2人とも嫌がって、なかなか自分から入ろうとしません。**僕がうるさく言って、ようやく週に1、2回入るくらいです。

僕がいなくなっても暮らしていけるように、基本的な生活習慣を身につけてほしいと思っています。

翔君の場合、毎日歯磨きをさせるのも大変でした。

翔君はずっと「学校では歯を磨くのに、家では磨かない」という謎ルールを自分に課していたので、学校を卒業した後はシャワーに入った日に磨くだけでした。

すると、いつも行っているツルハドラッグの店員さんが、ある日、翔君に電動歯ブラシを勧めてくれたのです。

その方は我が家のYouTubeチャンネルを見ていてくださったので、僕が翔君の歯磨きで困っていることを知っていました。

そして、翔君はたぶん上下に歯ブラシを動かすのが面倒なので、電動歯ブラシだったら楽にできるということを教えてくれて、翔君に「これで歯磨きしてみたらどうですか?」と声をかけてくれたのです。

今や歯磨きを進んでやるようになった翔君。

それだけでなく、「毎日歯磨きしたら、シールを貼ってね」と言って翔君が毎日楽しく歯磨きできるように、**なんと手作りの歯磨きチャレンジカードを作ってくれました。**

そのおかげで、翔君は1日2回、ちゃんと歯磨きできるようになったんです！

電動歯ブラシだと磨きやすいらしく、翔君も「これで磨くと気持ちいい」と言って、自分から進んで歯を磨けるようになりました。

翔君が歯磨きをしたら、自分でシールを貼って僕に見せてくれます。

そして、チャレンジカードを持ってたくさん褒めてくれる店員さんに報告に行くのが翔君の楽しみになっています。

翔君は、それまで他人に興味を示すことがあまりなかったんですが、その方に「頑張ったよ!」と言いに行くのがとても嬉しいんだそうです。

それまでの翔君を考えたら、もう奇跡みたいです。

さらに、店員さんからは歯磨きを頑張っている翔君にご褒美もいただきました。白猫のマリーちゃんが描かれたうがい用のコップや、お手製のパウンドケーキです。こんなに温かく協力してくれる方がいるなんて、本当にありがたいことだと感謝していますし、感動すらしています。

翔君自身、「店員さんとあんなに長く喋ったの初めてだよ」と嬉しそうに話していましたが、**僕もお店の方とのコミュニケーションがきっかけで翔君が歯を磨けるようになるとは思ってもいませんでした。**

店員さんの行動や優しさが翔君に前向きな変化を与えて、これまで難しかったことができるようになったのです。

人の優しさが人を前向きに変えていくことを、僕は改めて実感しました。

翔君、選挙に行く

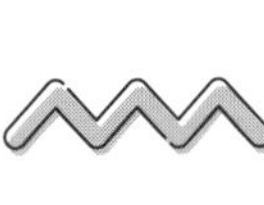

ところで、翔君は18歳から選挙に行っています。

僕たちが選挙に行くときの様子をTikTokでアップしたときには、コメントでも賛否両論ありました。

字の読み書きもできない、政治のこともわからない知的障害者が選挙に行く意味はないという人もいれば、いや、政治に参加することに意味があるという人もいました。

選挙権は知的障害者にも認められている国民の権利です。**だから僕は、翔君が行きたいと思うのであれば、選挙に連れて行っています。**

選挙のときは、翔君に「今回は福島県の代表になる人を決めるんだよ」などと説明して2人で新聞を広げ、「この人は代表になったら、こういうことをするって言っているよ」というように、僕がそれぞれの立候補者の政策を簡単に説明しています。

翔君は僕の説明を聞きながら、かなり真剣に新聞を見て、誰がいいだろうかと考えています。

最近の翔君は、選挙があるというと自分から新聞を広げて「読んでくれ」と言ってきます。そこで僕が候補者の政策を簡単に説明すると、「こっちの人は?」と聞いてくるのです。

それぞれの候補者がどんな人か、何をしてくれるのかを聞きたいという気持ちがよく伝わってきます。そして僕の説明を聞きながら、「そうか」などと頷いているのです。

候補者の顔や表情から、この人が良さそうだと決めることもあるみたいですが、最近の翔君は言葉の理解力も上がってきて、ある程度は内容を理解した上で選ぶようになってきました。

選挙に行き続けたことで、選挙というものに対する理解も深まってきて、考え方も成長してきたようです。

そして翔君に候補者を決めてもらったら、その名前を紙に書いて投票所に向かいます。

自分で投票用紙に書くことが難しい人は「代理投票」という方法があるのです。

投票所で翔君が代理投票を申し出ると（事前に伝えておくこともできます）、投票を補助する人が2人ついてくれて、一人が紙に書かれた候補者名を見て翔君の代わりに投票用紙に書いてくれます。もう一人が間違いなく書かれているかを確認して、選挙は終了。

重度の知的障害者でも、文字の読み書きができなくても、このようにして投票ができるのです。

翔君は18歳から選挙に行き始めましたが、今まで一度も嫌がったことはありません。翔君も、大人としての役割や責任を感じているのかもしれません。

「兄妹でならできること」を増やしていく

２０２１年から「24時間テレビ『愛は地球を救う』」の福島版に登場することになり、福島中央テレビさんに取材していただきました。

福島中央テレビさんには３年連続で取り上げていただき、取材にも来てくださっていました。

翔君は取材や撮影のときにはまったく緊張しません。「俺はプロだから！」なんて言いながら、撮影に来てくれたスタッフさんとも楽しそうに話をしています。

特に２０２２年夏の24時間テレビの撮影では、以前住んでいた川崎に行って当時通っていたデイサービスなどを訪ねたのですが、**翔君はお世話になった人たちとの懐かしい再会をとても喜んで、たくさん会話していました。**

スタジオにも招待されて、翔君は喜んでいました。川崎に行けたのも取材あってのことで、感謝感激です。

それから取材には参加しない妻ですが、その妻にも変化がありました。今までは取材が来ると隠れてしまっていたのに、２０２３年の取材ではスタッフさんにも笑顔を見せてアナウンサーさんと笑って話していました。気を遣っていたスタッフさんも喜んでいました。

一方、姫ちゃんはこれまでそういう撮影が苦手でした。特に取材でマスクを外すことを嫌がり、記念撮影で一度外したくらいです。**でも、2023年夏の放送のときは、大勢のお客さんの前でマスクを外して堂々とステージ会場に立つこともできたのです。**

そして、２０２３年の24時間テレビは、なんと姫ちゃんがメイン！

以前、自宅の取材で姫ちゃんが描いている場面の撮影をしたのですが、そのときの姫ちゃんは、結局撮影に応じることができず……。

自分の手を撮りつつ描き進め、デジタルで初めての人物画を完成させた姫ちゃん。

自分でも動かない手が悔しかったみたいです。

でもその後は、取材に来てくださったアナウンサーさんの猛烈な頑張りに応えたかったのか、人物画をサプライズで描いていました（前日、寝ずに描き上げました）。

さらに描いている手先を自撮りして、会場で放送されました。アナウンサーさんに人物画をサプライズプレゼントすると、感動的なステージになりました。それは親の僕から見ても緻密で素晴らしい人物画で、アナウンサーさんは大感激。

こんなふうに、福島中央テレビさんには素晴らしい経験をさせていただいています。

2023年の24時間テレビでは、**姫ちゃんの堂々とした姿を見て成長を感じました。翔君と一緒だからできたことかもしれません。**

姫ちゃんにとって撮影はハードルの高い挑戦でしたが、翔君がいることで安心して挑めた部分もあったようです。

ケンカもするけど、仲良し兄妹。

緊張する場面でも、翔君がいれば心強いと感じるのかもしれません。

例えば姫ちゃんは一人ではコンビニでのレジに行けないけれど、**兄妹一緒なら行けます。たぶん姫ちゃんにとって、兄の存在は意外と大きいのです。**

その反対に、翔君が固まったときは姫ちゃんが気持ちをほぐしてあげることもあります。

兄妹喧嘩をすることもありますが、やはり2人は仲が良く、お互いの存在が頼りになっているようです。

そして面白いことに、翔君は姫ちゃんの前で「アニキ」をするときがあります（笑）。

自分が頼られているという意識もちゃんとあって、姫ちゃんをリードしようとしているのです。頼もしいお兄ちゃんの今後の成長も楽しみです。

だから、これからは僕がいなくなっても、2人が一緒ならできることを少しずつ増やしていくことも目標の一つです。

終章

家族と病気と向き合いながら無理せず生きる

僕たちが２０１６年に福島へ移ってきたとき、父の実家には、年老いて病気の父母がいました。

父は過去に、脳梗塞になり、半身麻痺状態になっていました。

お酒好きだった母は、後年、アルコール依存症から起こる栄養失調症でしょっちゅう倒れるようになって、何度も入退院を繰り返していました。

特に母は介護が必要な状態でしたが、母は身内以外の人に介護されることを嫌がりましたし、僕も家族以外に頼むことに抵抗があったので、**移住後の僕は妻子の面倒を見ながら、母の介護もしていました。**

介護を始めて2年ほど経つ頃には、母は自分で食事を摂ることもできなくなっていました。

そのうち自分だけで水分補給もできなくなってきたので、僕もさすがに「この先どうなっちゃうんだろう」と感じて、絶望的な気持ちになりました。

母の症状が悪化して病院に入院することになったら、入院費用もかかります。父もいつ体調を崩すかわからない状況でしたし、親の介護に関しては他の家族の手伝いも期待できません。

そんなふうに一人で家族の面倒を見ていたら、不安や絶望、孤独が一気に押し寄せてきました。

妻や子どもたちの他に親の介護が加わったことで、僕の混合性不安抑うつ障害の症状もますます進み、**頻繁にパニック発作が起こるようになりました。**

そんな苦しい数年間を過ごして、移住から5年後の2021年に母が亡くなりました。

最期は、僕が救急車が到着するまで心臓マッサージをして自宅で看取りました。最後の方は全介護状態だったので、本当に目が回りそうなほどの忙しさでした。

この当時、僕はすでにYouTubeで配信もしていたのですが、さすがにしばらくは撮影や編集ができない状態でした。


一方、父はずっと血圧や血糖値が高くて体調を崩していましたが、**頑として病院には行きません。**

そのうちトイレもうまくできなくなり、しょっちゅうトイレ中を汚してしまいましたが、病院に行って診てもらうように言っても絶対に嫌だと言うのです。

そんな父との言い争いは、僕にとってかなりのストレスでした（そして父のトイレの始末をするのは、もっとストレスでした……）。


そんな父は２０２２年12月に食欲がなくなり、ついに自力で立てなくなって白目を剝き始めたので、慌てて救急車を呼びました。

このときも父は救急車に乗るのを拒否したのですが、何とか病院に運び込み、これで検査をしてもらえると思っていたら、その２日後に肺炎で亡くなりました。

きっと体調は辛かったはずですが、父はぎりぎりまで我慢していたのでしょう。

僕が母親の介護で苦労していたのを見ていたからかもしれませんが、**父は僕に「お前の面倒にはならねえ」と言っていました。**

父はプライドの高い人でした。息子には介護をされたくなかったのかもしれません……。最後まで頑固を貫き通した父でした。

大黒柱の自分が働けなくなったことで大ピンチに！

これまで、僕は家族のさまざまな問題と自分の精神疾患（と後に判明した難病）と付き合ってきました。

家族の障害から起こるさまざまな問題に翻弄されて大変なこともありますし、将来の不安もありますが、**僕が何よりも辛かったのは、精神疾患で働けなくなって収入がなくなったことです。**

特に川崎時代はマンションのローンがあったので、お金が定期的に入ってこないことが一番の心配ごとでした。

僕が働かないと、家にお金が入ってきません。 妻は自分の携帯代を稼ぐためにコンビニでアルバイトをしたことがありますが、何度教わってもレジが打てず、袋詰めしかできなかったので、すぐにやめてしまいました。

だから、僕にはまずマンションのローンを支払わなければいけないという大問題があり、そこに妻の浮気問題や翔君の脱走癖といった家族の心配ごとや、自分の身体の不調などいろいろな問題が積み重なって、もうどうにもならなくなったのです。

いったん働けなくなると、お金の不安に加えて社会人としての自信が失われていくのも、僕にとっては辛いことでした。

父と子どもたち。福島の家をリフォームして僕たちが暮らせるように整えてくれるなど、僕にとって最高の親父でした。

そして、ついに住宅ローンを抱えきれなくなり、マンションを売却して福島の実家に戻ったわけですが、福島では月々の家賃と駐車場代がかからないため、楽になるだろうと思っていました（ただしマンションの売却額でローン残債が相殺されなかったので、ローンは残ってしまいました）。

でも、この「田舎生活はお金はかからないだろう」は大間違いでした。車生活でガソリン代が思った以上にかかり、草刈り機や車も乗用車に軽トラの2台がないと生活できません

（福島の中でも住んでいる地域によります）。

さらに僕しか運転できないし、さまざまな対応も僕しかできないので、今は仕事ができない状況です。

ただ、最近はありがたいことにYouTubeで多少の収益も出るようになってきたので、その収益と家族の障害年金で何とか生活しています。

そして今では親の介護も終わり、翔君の脱走や妻の精神状態も安定してきたこともあって、以前に感じていたような焦りや絶望感は減り、何とか家族で前向きにやっていこうという気持ちが出てきています。

逃げられない家族ストレスは バランスを考える

仕事のストレスはなくなったけど、家族のストレスからは逃げられないことは変わ

りません。

だから、家族で過ごすときは常にバランスを考えて行動するようにしています。

例えば、妻が家族４人で出かけることが辛いと言うようになったので、**最近では家族で分かれて外出するようになりました。**

ただ、それによって翔君が置いていかれたと勘違いしてしまうこともあって（それは脱走につながります）、タイミングに気をつける必要があります。

また、**妻は家族のちょっとしたトラブルでもストレスを感じて解離性障害の症状が出てしまう**こともあり、かなり気を遣います。

例えば、妻がご飯の用意をしてみんなを呼んだのに、子どもたちがすぐに来ないことがあります。僕が子どもたちを呼びに行ったら、姫ちゃんは来たけど翔君は来ないなんてことも……。

そういうのが重なると、ストレスで妻は怒って感情を爆発させてしまうんです。

そんなときは、食事を用意する係を交代して、僕がやることにします。妻には、しばらく僕がやるからお休みしよう、と話します。

また、翔君のなりきり自動ドア（ドアの開け閉め）が夜中まで続くこともあります。それに耐えられない妻が文句を言うと、今度は翔君が固まってしまいます。それを僕がユキちゃんになって、なだめるわけです。

こんなふうに妻と翔君の関係も難しいところがあり、いつも気を遣っています。

僕が妻に何か言うとき、ついうるさく言い過ぎてしまうことがあって（時々、僕もわあーっと喋ってしまうんです）、妻はイライラしてしまうんだそうです。

残念だけど、僕の存在自体が妻のストレスになることがあります。

とにかく妻への精神的な負担を少なくしないと、解離性障害の症状が出て入院が必要になってしまうことがあります。

長年の経験があるので妻の表情ですぐにわかりますが、妻にはけっして言ってはいけない言葉があります。

それは、「なにイライラしてんの?」。

この言葉を言う僕のことは「大っ嫌い！」と言われました。

怒りを一瞬で笑いに変えるコツ

こんなふうに、家族の中にもいつも気がかりなことを抱えているので、僕自身の疾患もなかなか良くならないのですが、**僕が倒れると、家族の生活すべてがストップしてしまいます。**

だから何とか平常心を保てるように、僕もいろいろな方法を考えています。

一番意識しているのは、怒りを笑いに変えること。それも一瞬で。

例えば、翔君はiPhoneの画面を見せて「キズが」としょっちゅう言ってきます。僕も最初は「また？　もう何やってんだよ、この間やったばっかじゃん！」と、ついカッとなりました。

すると、翔君はぐわっと固まってしまうわけです。身体なんてもうガチガチ。極めつきは、成人式前に美容院に行ってカッコよくしてもらうはずが、iPhoneの修理をしてもらいたくて、前髪を大きいハサミでバッサリ自分で切ってしまったことです。

こうなると、僕ももうお手上げ。結局は僕が譲らなければ、何も進まないのです。


それを何年も、何度も繰り返した挙げ句、僕はこの怒りを笑いに変えてしまおうと思うようになりました。その方が、自分自身もずっと楽になるからです。

「うわっ」と怒りの火が燃え上がりそうになった瞬間に、その火に水をさっとかけて消すイメージです。

そして、「はあ、またやっちゃったの、ハハハ」と笑いに変えてしまう。それは意識して訓練し続けないとなかなかできるようにはならないけど、慣れてくるとできるようになります。

最初にやさしい「はあ」という声が出るようになったら、もう大丈夫です。

サンタを信じていた子どもたち。朝早く屋上に行ってプレゼントを開けています（川崎のマンションにて）。

これは翔君のこだわりだけでなく、妻のこだわりに対してもそうです。

妻には、毎朝コンビニにカフェラテを買いに行くというこだわりがあります。

毎日わざわざ車で連れて行くのは面倒だし、お金もかかるけれど、スティックコーヒーやコーヒー豆ではダメなんだそうです。

生活費が大変だ、節約しなきゃと言っているのに、毎日コンビニに行ってカフェラテを買わないと精神的に不安定になってしまう妻。

僕も以前は納得できなくて、何とか妻を説得して変えようとしたこともありました。

でも、僕が何か言っても口喧嘩になるだけです。

そして口喧嘩になっても、妻は絶対に妥協しないんです。

2日間くらいお互いにピリピリした時間を過ごして、最後は僕が妥協するしかありません。

僕がそのまま妥協しなければ、妻は薬の過剰摂取に走ってしまうからです。

昔はこの悪循環を繰り返すだけでしたけど、こんなことを続けていたら僕もますます辛くなってしまいます。

こうしてさんざん家族と衝突してきて、**僕は結局、自分が変わるしかないと思うようになりました。**

妻や翔君は意識を変えられないけれど、僕は意識を変えることができるし、怒りを笑いに変えることができる。だったら僕がやればいいいんだ、と。

そうやって家族を受け入れることは、結果的には僕自身を守ることにもつながります。

また自分を守ることは、家族を守ることでもあるのです。

それに、なんだかんだ言っても、僕はやっぱり家族が大事なんです。

僕は辛いとき、川崎時代によく一眼レフカメラで撮っていた家族の写真を見て救われています。

特に精神疾患になったときは、カメラをやっていてよかったと思いました。

最近ではすっかり一眼レフからスマホになってしまいましたが、川崎時代はまるで辛い現実から逃げるかのように、家族の笑顔や変顔の写真を撮りまくっていたことがあります。

特に、自然体の子どもたちを撮るのが大好きでした。

だらしない姿を隠さず、家族と共有する

それから、僕は最近、自分が辛いときは家族にも隠さずに、その姿を見せるようにしています。

僕は川崎で働いているとき、家族のことを一人で抱え込んでいました。

一人でお金を稼ぎ、家族を病院に連れて行き、役所へ手続きに行き、子どもたちの学校に行き、翔君が脱走したら捜しに行く……それを全部一人でやっていました。

自分はできる、大丈夫だっていう自信があったからです。

でも精神疾患の症状が出てから、自分が無理をしていたことに気づきました。

それでもしばらくは何とかできるはずだと頑張り、**自分が辛い姿もあまり見せなかったのですが、何とかなるどころか、症状がさらに悪化してしまいました。**

撮り続けた家族の写真は、今でも僕を救ってくれています。

だから、身体が辛いときや薬の副作用でだるいときには無理せず、意識的にゆっくり休むようにしています。

そして一日中動けないで苦しんでいる姿やだらしない姿も、家族に隠すことなく見せています。

すると、家族に変化がありました。

それまで家の中でもまったく動こうとしなかった妻が、福島に来てから僕がダウンすることによって動いてくれるようになったんです。

子どもたちの食事を作ったり、翔君に昼食を食べさせて作業所に送り出す準備をしたり、子どもたちの世話をしたり。

僕がずっとベッドで寝込んでいるときには、食事を作って持って来てくれることもありました。

これは驚きでした。もしかしたら、川崎時代は僕が全部やっていたので、妻は何をしたらいいかわからなかったのかも。

そして僕がとことん弱っている姿を見ることで、自分が何かしなきゃいけないという気持ちが妻の中で育ってきたのかもしれません。

振り返ってみれば、それまでの僕は会社の人だけでなく、家族にも自分の強い部分だけを見せようとしていました。

でも、僕の弱い姿も見せることで、妻に自立心が芽生えてきたのです。

だから、子どもたちにも親の僕が弱っている姿を隠さずに見せて、彼らがどう考え、どう行動するかを見てみたいと思っています。

それに、妻は福島に来てから症状も落ち着いています。

人や車の多い川崎から、自然の多い福島という環境に来て、翔君だけでなくて妻にも良い変化があったようです。

川崎時代にはまったく参加しなかった子どもの学校行事にも、最初の数年間は参加していました。

それと、川崎生活後期は引きこもりでしたが、車生活になり外へ出るようになりました。

また、子どもたちが兄妹喧嘩をしたときの仲裁は、僕より妻の方が上手で、最近はずっと妻に任せています。

兄妹喧嘩だけでなく、子どもたちが何かの原因で固まったりパニックになったりしているときに笑わせて和ませるのも、実は妻の方がうまいのです。

翔君や姫ちゃんの笑うツボを探して笑わせて慰めてくれています。

実は、僕は混合性不安抑うつ障害に加えて、3年前から目の違和感に悩まされています。夕方になると目の上から眼球を強く押さえつけられているような症状が出て、瞼が下がってくるのです。

夜になると、もう目を開けているのも辛くなります。

眼科や内科、精神科などいろいろな病院で調べてもらったのですが、眼精疲労と言われて処方された薬を飲んでもまったく良くならず……。しばらく辛い時期を過ごしていたのですが、**大きな病院の脳神経内科で調べてもらったところ、ようやく「重症筋無力症」という難病だとわかりました。**

今は薬も処方されて症状も少し楽になり、目も開けられるようになっています。

ただ、そんなときだからこそ、僕は一人で頑張りすぎず、家族に弱みも見せよう、妻に任せられるところは任せるようにしようと考えています。

僕がたどり着いた「家族の幸せ」

家族の障害、自分の精神疾患、失業、金銭面の不安、妻の浮気……これまで、いろんなことがありました。

精神的に追い詰められて行き場がなくなり、将来のことも考えられなくて絶望しか浮かばないという時期も……。

でも、そんなときも、**僕は絶対に死ぬことだけは頭をよぎらせないように気をつけていました。**

特に川崎に住んでいたときは、マンションに専用の屋上があったのですが、**そこに行って下を見たら「良からぬこと」を考えてしまうかもしれない**と考えて、屋上は使わなくなりました。その屋上が気に入って購入したのに、僕だけは屋上にはほとんど行けなかったんです。

それぐらい当時は追い詰められていたけれど、死ぬことだけは考えないと固く心に決めていました。

死ぬ選択なんてない、生きる選択しかないんだって。

離婚についても同じです。

時々、障害のある子どもを持つ親の中には、離婚して家族から逃げてしまう方もいます。諦めてしまう親も多いと、翔君の作業所の方も話していました。

でも僕は、この家族から逃げ出したいと思ったことは一度もありません。

僕がいなくなったら、この家族が施設に行くことになって辛い思いをするのはわかっています。

だから、僕がいなくちゃだめなんだと思って生きてきました。

以前、どうしてそんなに家族のことを大事にできるのかと、福祉関係の方にこう聞かれたことがあります。

「なんであなたはそんな苦労に耐えられるの？」

自分でもこんなに家族のことを大事に思うようになるとは思ってもいなかったけれ

「家族みんな一緒」が僕の何よりの願い。そのためには、僕が倒れないようにしないといけません（笑）。

ど、振り返ってみると、やはり自分自身が親に放置されて育ったという経験が大きいのだと思います。

自分の育ちや辛かった経験が反面教師となって、家族には絶対に寂しい思いはさせたくないという思いがあるのです。

だから、僕は子どもからも妻からも逃げたくはないし、そのためにできることは何でもしようと思っています。

僕にとっては、この家族がいてくれることが、そしてこの家族4人が一緒に暮らして笑っている時が、やっぱり何よりも幸せだからです。

おわりに

ここまで我が家のディープな話を読んでくださり、ありがとうございます。

うちの家族にはそれぞれに障害があるけれど、本文にも書いたように、それぞれできることが少しずつ増えてきています。

子どもたちも日々、成長しているのです。


僕がこの本で一番言いたかったのは、親が諦めたら、そこで子どもの可能性はなくなってしまうということです。**たとえ知的障害でも、自閉症でも、諦めずにできることを一つずつ増やしていくことが大事だと思うのです。**


例えば姫ちゃんは、自閉スペクトラム症だったからこそ、絵が上手になったのかもしれないと思っています。

彼女は絵を描くとき、とんでもない集中力を発揮します。そして、3歳からずっと夢中で好きな絵を描き続けています。

いくら好きなことでも、長く集中し続けるのは難しいことですよね。

デジタルで描きたいと言われ、姫ちゃんが高1の時にiPad Proをプレゼント。親として、できる限りのサポートをしています。

それを認めてサポートしていくのが、親の役目だと思っています。それがきっと子どもの可能性を伸ばしていくことにつながると信じているからです。

翔君の選挙もそうです。

知的障害のある子に選挙なんて無理だと思う人もいるかもしれませんが、翔君も投票することができました。

すると翔君は、自分もみんなと同じことができた、自分も大人の仲間入りをしたんだと喜びを感じて、それが自信につながっています。

少しずつでいいから、「できた」を積み重ねていくことが、子どもの自信につながっていくと思うのです。

何より、僕たちと違うこだわりの世界に生きている翔君ですが、自分の世界を大事にしながらも、大人になるにつれてパニックや脱走も減ってきて、だんだん周りに合わせるようになってきました。

きっと翔君なりに努力しながら、家族や学校や作業所などに馴染んできたんだと思います。

せめて僕が生きている間は、家族に笑顔で幸せに生きてほしいのです。

必要なのは、家族と自由と笑い。**家族の笑顔には救われて生きてきました。**

そんな子どもたちを中心に僕がYouTubeやTikTokで発信し続けるのは、**障害があっても親がその可能性を信じて支えていけば、きっと成長していく可能性がある**ということを、多くの人に伝えたいと思っているからです。

それに、僕には知的障害や自閉症に関するイメージを変えたいという思いもあります。

すぐパニックになるとか、何かあると暴れてしまうというイメージです。

僕がYouTubeをスタートした当時も、あまりパニックになっている動画をあげていなかったため、「翔君はパニックにならないんですか？」という質問がよく来ていました。

幼い頃から変わらない、無邪気な翔君。この笑顔には何度も救われてきました。

僕は、そもそも子どもがパニックを起こしているときに、カメラを向けることができないんです。そんな余裕がありません（笑）。

パニックはその子の持つ側面の一つに過ぎません。

施設から一時帰宅している翔君。どんなに辛くても、笑顔は家族をつなぎます。

だから、子どもたちが頑張っている様子を皆さんに見てもらって、我が家と同じように知的障害や自閉症という障害がある人や親御さんが、少しでも前向きな気持ちを持ってくれたらいいなと願っています。

悩み苦しんでいる親御さんにも少しでも希望を与えたいのです。

家族の希望が子への希望にもなるからです。家族の理解は一番の希望です。

また、我が家のゆるい日常や、僕が家族に振り回されるドタバタな毎日を見て「こんな家族もあるんだな」「くだらないなぁ」って笑ってほしい。

「なんで、子ども2人とも障害……」なんてことをよく言われますが、**僕はこの4人だからこそ今の幸せがあるって思っています。**

これが僕のたどり着いた家族の幸せの形です。**家族の障害は僕の一生涯。**

これからも、こんな僕たち家族が少しずつ成長していく姿をYouTubeやTikTok、Instagramの動画を通じて見守ってくださったら嬉しいです。

そして、障害を持つ人のことを周りの人が理解して受け入れて、幸せに生きられる社会になったらいいなと心から願っています。

優しい気持ちが広がって欲しいです。

この本を監修してくださった、児童精神科医の本田秀夫先生。

僕たちを見つけて下さった、KADOKAWAさん。

本書を構成してくださった、真田晴美さん。

本に携わっていただきました、すべての関係者の方々に感謝の言葉を述べさせてください。

僕の人生を話す機会を与えていただき、ありがとうございます。
そして本を手に取っていただいた皆様、本当にありがとうございました！
いつかあなたの「幸せの形」について僕に教えてください。チャンネルのコメント欄に、自由に書きこんでもらえると嬉しいです。

「Yasu familyチャンネル」やすパパ

2024年3月

ポーズは違いますが、この写真から姫ちゃんが表紙のイラストを数ヶ月かけて描きました。ぜひ、カバーをめくってみてください！

僕以外、知的障害の家族がようやくたどり着いた「幸せ」の形

限界ギリギリ家族

2024年3月22日　初版発行

著　者　佐藤 靖高（やすパパ）

発行者　山下直久

発　行　株式会社KADOKAWA
〒102-8177　東京都千代田区富士見2-13-3
電話　0570-002-301（ナビダイヤル）

印刷所　TOPPAN株式会社

製本所　TOPPAN株式会社

●お問い合わせ
https://www.kadokawa.co.jp/（「お問い合わせ」へお進みください）
※内容によっては、お答えできない場合があります。
※サポートは日本国内のみとさせていただきます。
※Japanese text only

定価はカバーに表示してあります。

ISBN 978-4-04-606627-5　C0095